汽车彩绘烤漆技术详解

第 2 版

汤东柏 编著

机械工业出版社

本书概括介绍了汽车彩绘艺术的发展历史、发展现状及未来发展方向，并讲解了作为一名彩绘画师所必须具备的技术知识、经验和艺术修养等，还详细地讲解了汽车彩绘的制作工艺流程、技巧和各种绘制技法，最后介绍了当前国内汽车彩绘行业的真实情况、技术流派、经营模式等，对汽车彩绘技术及整个行业进行了全方位的分析。

本书可作为投资汽车彩绘烤漆行业的指导书籍，也可作为技术学校学习汽车彩绘技术的专业教科书，并为想要学习汽车彩绘技术的个人爱好者提供了便利。

图书在版编目（CIP）数据

汽车彩绘烤漆技术详解/汤东柏编著. —2 版. —北京：机械工业出版社，2015.6（2025.3 重印）
ISBN 978-7-111-50843-4

Ⅰ.①汽… Ⅱ.①汤… Ⅲ.①汽车-涂漆 Ⅳ.①U472.44

中国版本图书馆 CIP 数据核字（2015）第 157913 号

机械工业出版社（北京市百万庄大街 22 号　邮政编码 100037）
策划编辑：连景岩　杜凡如　　责任编辑：连景岩　杜凡如
责任校对：黄兴伟　　　　　　封面设计：鞠　杨
责任印制：郜　敏
中煤（北京）印务有限公司印刷
2025 年 3 月第 2 版第 8 次印刷
169mm×239mm・10.75 印张・219 千字
标准书号：ISBN 978-7-111-50843-4
定价：49.80 元

凡购本书，如有缺页、倒页、脱页，由本社发行部调换

电话服务　　　　　　　　　　　网络服务
服务咨询热线：010-88361066　　机 工 官 网：www.cmpbook.com
读者购书热线：010-68326294　　机 工 官 博：weibo.com/cmp1952
　　　　　　　010-88379203　　金　书　网：www.golden-book.com
封面无防伪标均为盗版　　　　　教育服务网：www.cmpedu.com

前 言

  我国国民经济飞速发展，汽车保有量不断增加，汽车后市场的竞争越来越激烈，汽车美容、装饰、维修保养、改装店已经遍布城市的大街小巷，在这种情况下，只有推陈出新才是发展的硬道理，而汽车彩绘因其能够展示车主个性，体现汽车的气质而受到很多车主的欢迎。

  汽车彩绘烤漆艺术不是贴画，而是彩绘画师用喷枪把彩绘颜料喷涂在车体表面形成图案，并对画面进行烤漆抛光处理，使画面持久亮丽、色彩逼真、画面栩栩如生。它是艺术与技术的完美结合，是彩绘画师心灵艺术完美的体现，并能充分满足车主的个性需求。

  近年来，市场对汽车彩绘的需求越来越大，各大车展、汽车改装展都有专业的汽车彩绘团体助阵，并成为展会的亮点，吸引了各界的关注。在大城市可以看到彩绘车辆在街道上飞驰而过，给美丽的城市又增添了一道亮丽的风景线。汽车彩绘以它独特的色彩、逼真的画面、张扬的个性，赢得了百分之百的回头率。

  汽车彩绘烤漆是一个极具市场潜力的项目，也有越来越多的人士发现了这个商机，并期待国家出台政策扶植。国外的汽车彩绘市场已经成熟，在欧美等国家每年都会有大型汽车彩绘团体的比赛和展会，他们的汽车彩绘技术、彩绘市场、售后服务、技术培训、宣传营销也已经相当完善。

  我国的经济在飞速发展，人民的生活质量越来越好，中西方的交流也越来越多，文化的交融与日俱增，国际性会议和展会每天都在进行着。在这样的背景和环境下，汽车彩绘艺术就有了可以展现个性魅力的舞台和依托。它的发展和传播势不可挡。宝马汽车公司已经出台定制彩绘车的销售策略，虽然在国外定制生产，但却是在中国内地销售。很多的国内汽车制造商和销售商也在生产彩绘车辆进行销售和展示，盈利不是目的，最重要的是刺激市场、吸引爱车族购买自己喜欢的车辆，运用彩绘这种宣传形式把要买车的客户吸引来，同时也吸引了媒体和汽车界的关注，以达到销售的目的。

  本书以阐述汽车彩绘烤漆技术流程为突破口，告诉读者如何介入汽车彩绘的领域，如果你想学习这项技术，从事该领域的工作，那么这本书是你的唯一选择。本书主要讲解了汽车彩绘艺术的发展历史、发展现状及未来发展方向，并主要讲解了

汽车彩绘的详细制作工艺流程、技巧和各种绘制技法，还有作为一名彩绘画师所必须具备的技术知识、经验和艺术修养等，并介绍了当前国内汽车彩绘行业的真实情况、技术流派、经营模式等，对汽车彩绘技艺及整个行业进行了全方位系统的分析。

编　者

目　录

前言
第一章　绪论 ……………………………………………………………… 1
　第一节　汽车彩绘概述 …………………………………………………… 1
　　一、彩绘的定义 ………………………………………………………… 1
　　二、汽车彩绘的目的 …………………………………………………… 1
　　三、我国汽车彩绘业现状 ……………………………………………… 2
　第二节　国外汽车彩绘发展史 …………………………………………… 2
　　一、汽车喷枪的发明 …………………………………………………… 2
　　二、汽车彩绘的起源 …………………………………………………… 5
　第三节　我国汽车彩绘发展史 …………………………………………… 6
　　一、喷绘工具的发展 …………………………………………………… 6
　　二、从媒体的报道看汽车彩绘行业的发展历史 ……………………… 6
　　三、从技术培训的火爆看汽车彩绘的发展历史 ……………………… 9
　　四、从连锁加盟看汽车彩绘的发展方向 ……………………………… 11
第二章　汽车彩绘必备知识 …………………………………………… 12
　第一节　汽车彩绘的绘画基础知识 ……………………………………… 12
　　一、彩绘画师应具备的条件 …………………………………………… 12
　　二、美术的起源、概念和种类 ………………………………………… 13
　　三、美术的主要特征 …………………………………………………… 14
　　四、美术的分类 ………………………………………………………… 15
　　五、美术的主要表现形式 ……………………………………………… 19
　　六、美术主要研究什么 ………………………………………………… 20
　　七、美术的基本知识 …………………………………………………… 20
　　八、彩绘练习中如何把握物体各部分的色彩关系 …………………… 30
　第二节　汽车彩绘技术知识 ……………………………………………… 31
　　一、理论指导实践 ……………………………………………………… 31
　　二、喷笔的使用方法和技巧 …………………………………………… 32
　　三、颜料的调配和应用特点 …………………………………………… 33
　　四、形体模板的应用技巧 ……………………………………………… 34

- 五、彩绘中上色流程和技巧 ········· 34
- 六、不同的图案采用不同的绘制方法 ········· 35

第三章 汽车彩绘设备及维护 ········· 37
- 一、喷笔 ········· 37
- 二、喷枪 ········· 41
- 三、空气压缩机 ········· 42
- 四、其他设备 ········· 46

第四章 汽车彩绘完整过程 ········· 47

第一节 与客户沟通 ········· 47
- 一、收集图片 ········· 47
- 二、选图 ········· 47
- 三、设计 ········· 47
- 四、看效果图 ········· 48
- 五、定稿 ········· 48
- 六、Photoshop效果图设计教程 ········· 48

第二节 前期准备 ········· 50
- 一、打印图稿 ········· 50
- 二、拼图 ········· 53
- 三、透稿制作模板 ········· 54

第三节 车体表面处理 ········· 56
- 一、打磨 ········· 56
- 二、找平 ········· 56
- 三、除尘 ········· 56
- 四、贴报纸 ········· 56

第四节 绘制彩绘 ········· 57
- 一、喷笔的使用入门和基础线的练习 ········· 57
- 二、写实老虎彩绘流程 ········· 60
- 三、奥迪Q3"百合花"彩绘步骤 ········· 69
- 四、杜宾犬漫画风格彩绘步骤 ········· 80
- 五、写实火焰彩绘步骤 ········· 89
- 六、写实金钱豹彩绘步骤 ········· 96

第五节 彩绘后处理 ········· 103
- 一、喷清漆 ········· 103
- 二、烤漆 ········· 103
- 三、抛光处理 ········· 104

第五章　汽车彩绘烤漆实例……107
第一节　国际著名彩绘艺术家及彩绘工作室介绍……107
一、澳大利亚彩绘艺术家：韦恩·哈里森（WAYNE HARRISON）……107
二、俄罗斯彩绘艺术工作室……109
三、美国著名彩绘艺术家：米基·哈里斯（Mickey Harris）……113
四、美国著名华裔彩绘艺术家：汤东柏（Dongbai Tang）……116
五、美国纽约著名彩绘艺术家：史蒂夫·努涅斯（Steve Nunez）……119
六、美国著名彩绘艺术家：迈克·拉瓦莱埃（Mike Lavalee）……121
七、美国DB头盔彩绘定制工作室……123
八、美国著名彩绘艺术家：艾伦·帕斯特拉纳（Alan Pastrana）……125
九、美国波士顿彩绘师：杰西（Jesse Acciacca）……128
十、美国纽约JUST 2 PAINT彩绘工作室……132

第二节　各种类彩绘艺术作品欣赏……134
一、汽车彩绘……135
二、摩托车彩绘……139
三、头盔彩绘……143
四、冲浪板彩绘……147
五、吉它乐器彩绘……150
六、T恤衫彩绘……153
七、立体彩绘……156
八、荧光彩绘……159

第一章 绪 论

第一节 汽车彩绘概述

一、彩绘的定义

彩绘是一种艺术表现形式,它源于人们对于精神享受、艺术理念的追求,而汽车彩绘正是这种追求的完美实施者,也是这种艺术表现形式的具体现象。

车身作为汽车这种交通工具的表面体,它给予了艺术家们更多的艺术想象能力和思维扩展空间,画布从此转移到了车身上。把车身当作画布来绘制富有创意的图案,与其说是技术上的突破,不如说是人的思维方式、审美意识的变革。

普通的画布是方形的,是二维平整的,所展现的内容也有它的局限性,但这阻挡不了艺术家们超常的艺术发挥能力。但汽车的表面不是平整方形的,它是立体的,有着相连的前后左右上 5 个方向,这就是说车身是由 5 个不同角度的面与转角组成的,对于那些善于发挥想象的艺术家正是如鱼得水,5 个不同角度的面更有利于发挥和表达更加完美的画面,更能发挥艺术家们善于思考、创造的天才能力,可以从不同的角度来表达同一图形的内涵和象征意义。

二、汽车彩绘的目的

在我国,汽车的保有量不断增加,私家车已逐步成为人们的代步工具,人们开始享受汽车这种交通工具给人们带来的便利。但人的追求是无止境的,人要享受的事物是不断升级的,那么在物质财富满足的情况下,精神财富的追求促使着汽车美容、汽车改装行业的火爆。人们开始注意装点自己的爱车,从内饰到表面,希望使它更加富有个性,不能说独一无二,但也要与众不同。汽车彩绘就在这样的诉求下展现了它独特的个性魅力,开始不断满足人们的这种需求。但需注意要符合国家的相关法规政策。

2008年，我国新的交通法放宽了对汽车改装、汽车装饰行业的限制，并大力发展这个行业，这使得采用汽车彩绘艺术的这种汽车漆面改装得以合法化，虽然还有种种限制，但在不同地方政策中也都放宽了对汽车彩绘的限制，使得汽车彩绘烤漆行业开始走向春天，又一个富有潜力的发展项目由此诞生，它的发展空间无限。

个性化的追求已成为当今社会的时尚，如个性的服饰、个性的家具、个性的首饰、个性的家庭装修以及个性的灯具等。"个性"好像已成为这个时代的代名词了，个性化的汽车彩绘也逐渐成为这个时代一道亮丽的风景线。汽车彩绘艺术永远没有尽头，因为它展现的是永远不会重复的张扬个性。城市里川流不息的车流，偶尔会有画着各种图案的彩绘车奔驰而过，点缀着这个城市的色彩，丰富了这个现代化城市的汽车文化。汽车文化的发展也象征着这个城市的文明发展程度和人们的物质生活水平。

三 我国汽车彩绘业现状

现在的汽车美容装饰店已经遍布大街小巷，汽车改装店也已从"地下"走向"地面"，竞争已呈白热化，存在店面集中、项目重复、价格混乱、竞争激烈和利润偏低等问题。很多店面都在寻找与之相关的更好、更能吸引消费者的新项目来弥补空白，而汽车彩绘项目具有投资少、成本低和利润高的特点，因此它成了一些店面的首选项目。汽车彩绘烤漆最主要的成本是人工成本，汽车彩绘发挥的是艺术创造能力，就像画家的油画可以卖到几万甚至是几十万，但是这幅油画的物质成本绝不仅是一块画布和一些颜料而已，当然这里的颜料和画布也要是最好的，但不论多高的物质成本，也与价值不成正比，因为人们衡量的是艺术和画师在作画过程中所付出的艺术创造能力。

第二节 国外汽车彩绘发展史

一 汽车喷枪的发明

汽车彩绘在国外的发展历史有近100年了，其中经历了不同的历史发展阶段。谈到它的历史就不得不谈到汽车彩绘所使用的绘制工具——喷笔、喷枪的创造发展历程。

100年以前，画家一直使用画笔调和颜料与色漆进行艺术创作，今天虽也同样使用这种颜料与色漆，但喷枪代替了画笔得到了大量的应用。很多年过去了，工程技术已经制造出更精准的活动部件和更优良的喷嘴及钢针，同时新式的材料改变了喷枪的质感和质量，因而今天的彩绘画师再也不会因为喷枪的款式和质量而烦恼了。

美国一位水彩画家名叫查尔斯 L. 伯迪克（Charles L. Burdick），1893 年他设计并生产了最早的一款喷枪，也是在那个时候他在英国伦敦成立了 Fountain Brush 公司。他的喷枪获得了英国专利，伯迪克被人们普遍地认为是"喷枪之父"。

1893 年在英国获得专利权的"双动式喷枪"是重力式的，喷枪主体内有一个油漆杯，喷枪还配有一白金的可调式喷嘴。它与现代喷枪最主要的不同是软管连接的部件放在里面，而喷枪的螺钉连接部件直到 1920 年才被发明应用。

作为一位水彩画家，伯迪克一直在探索如何在不使用画笔的情况下把水彩颜料均匀地涂在画纸上，而不会弄脏和弄乱上一层的颜色。显然，他的发明很理想。

实际上可能伯迪克只是世界上第二个或者第三个发明喷枪的人。早在 1888 年，美国就有喷枪获得过专利的报道：一位名叫阿波勒·皮尔（Abner Peeler）的美国人在 1878 年发明过最早的喷枪，比伯迪克发明的喷枪早了 15 年。1881 年皮尔出售他的喷枪专利给了利波特·沃克阿普（Liberty Walkup），两年后他成立了 Rockford Airbrush 公司。

不管皮尔是不是第一个发明喷枪的人，还是沃克阿普比伯迪克早 12 年成为喷枪的制造商，有一点是可以肯定的，喷枪的发明时间是 19 世纪。伯迪克称他的新艺术工具为喷涂器（Aerograph）。到 1900 年这个名称开始成为喷枪的专业术语，他又将自己的公司更名为 Aerograph 公司。

不论真正的喷枪之父是谁，几十年后喷枪被应用到照片修描技术上，杂志插页和封面也主要是由喷枪绘制完成的。在 Aerograph 公司进入了英国和欧洲的同时，美国人也开始研发、制造喷枪的生产线。

1904 年，一位来自挪威的移民詹斯 A. 佩斯奇（Jens A. Paasche）在芝加哥开办了公司，并生产了首个产品——佩斯奇 AB 牌喷枪（Paasche AB）。它因为做工精良、质量过硬，直到今天在工程业和机械制造业都是令人惊叹的。后来，一些早年为佩斯奇工作过的喷枪研发者开始独自创办自己的公司，例如，巴德吉尔（Badger）、撒耶尔（Thayer）和查德尔（Chandler）开办了一家公司，随后又在 1893 年哥伦比亚的博览会上展出了他们的作品。这个时期同时存在的还有需要用脚踏泵填充储气罐的手动式压缩机和一种为非专业人员研制的伯迪克型号压缩机名叫"Amateur"（带有手压泵），现代喷枪的发展使电动压缩机的出现成为可能。

喷枪被画家用来修描照片是因为当时银板照相法的出现使修描照片的需求增多，但当时唯一可行的方法只有手工修描，但这会导致涂抹不精确，还会留下笔痕。

早期，对修描照片的需求使人们埋怨原始的照相机和不发达的科技，但伴随照相机的不断改进，人们对修描照片的认识也不一样了，尽管这样也无法在摄影时避免比如皱纹、瑕疵、痣和其他永远无法避免的问题。传统的肖像画家只不过不在作品中画出那些难看的瑕疵。然而喷枪可以解决摄影中遇到的一些令人烦恼的现实

问题。

19世纪90年代晚期由于摄影的盛行，修片工厂为满足市场需求雇佣大量员工用喷枪添加颜色和改善图像，直到20世纪初这些工作坊都运作得十分顺利。

喷枪能掩盖不够完美的地方，还能够添加许多颜色，因而对复古照片彩色化的需求也随之增加（尽管这种完美的色彩还原技术直到1910年后才被完善）。喷枪直到今天还被广泛地使用，但电脑的出现和现代化暗室技术几乎已经取代了喷枪在图片处理上的地位。

喷枪最初只是作为水彩画家的工具，几乎不会用到商业美术和艺术领域。如同今天有时会发现人们对高雅艺术存在着某种偏见，有人认为喷枪更像是一种机械设备而非艺术工具，而喷枪画家却因不直接接触作品而被理解成技术人员。伯迪克的作品就是因为用过喷枪而禁止在伦敦皇家艺术学院展出。

直到第一次世界大战以后，艺术领域（尤其是在欧洲）伴随广告业和出版业的成长才开始用喷枪制作图像。1920年在法国，艺术文化运动使人发现喷枪对模糊图片的处理很有帮助，以致它在广告业的利用扩大了一倍，推动了喷枪的发展。

在20世纪20年代，广告业迎来了繁荣时期。一些人认为驱使广告业繁荣的原因是汽车工业激烈竞争的结果。同一时期海报艺术成为广告业的主力，直到30年代杂志行业才崭露头角。最早的代表是1928年在纽约艺术总监（the New York Art Directors Annua）展览秀呈现出的美国商业喷枪插画（commercial airbrush illustration）。

1930年，在德国包豪斯（Bauhaus）主要创始人沃尔特·格鲁普斯（Walter Gropius）出生在伯迪克获得喷枪专利的同一年。包豪斯风格有着对机械的热爱和在设计上精准的视角，直到今天还保留着包豪斯风格的艺术和设计教学以及理论的基础。尽管事实上在1933年这个由格鲁普斯创办的学校被德国纳粹解散，而格鲁普斯也于1969年去世，但他的生命见证了喷枪工具的第二次重生。

包豪斯派画家如瓦西里·康定斯基（Wassily Kandinsky）、约瑟夫·阿伯斯（Joseph Albers）和拉斯洛·莫合利-那基（Laszlo Moholy-Nagy），发现了喷枪的妙用并使用它。但对于包豪斯风格的大多数人来讲，他们仅仅将喷枪视作一种技能和工具。另一位包豪斯派画家赫伯特·拜耳（Herbert Bayer）发现喷枪让他朴实的观念发展成了形象设计。

20世纪30年代，这些画家中的许多人，如拜耳、格鲁普斯、霍伊-纳吉和阿伯斯将包豪斯手法和思想带到了美国。1938年，拜耳来到了美国在包豪斯派学校教授喷枪技能，并成为设计制图的先锋力量。并非只有包豪斯派画家使用这个全新的设备，在欧洲海报艺术、广告业贯穿艺术和商业美术领域，画家卡桑德（Cassandre）使用喷枪，约瑟夫·班德（Joseph Binder）也是如此，喷枪对现代艺术有着很深的影响。

在短期内探究过喷枪的一位最出名的画家曼雷（Man Ray）成为摄影和电影制片的革新者。1917年，他不拘一格使用喷枪创造出超现实主义黑白作品称为Aerographs，不幸的是他的Aerographs作品难以得到人们的肯定而被说成是表现手法呆板"没有灵魂的作品"。在1919年他因为自己的现实主义作品Aerographs时常让人误以为是照片而放弃使用喷枪。

这些一度流行的艺术运动和包豪斯手法也在第二次世界大战之后消失。幸运的是，复苏后的画家再次将喷枪带到公众的视野。乔治·佩蒂（George Petty）喜欢在他父亲的工作室应用喷枪创作作品，据说艾伯特·瓦格斯（Alberto Vargas）在1898年有了自己的第一只喷枪，尽管他使用的时间比较晚。在战争期间以及战后，这两位画家对艺术、文化和喷枪的使用都有较大的影响。

早期使用喷枪绘画的艺术家都是在自己的画室中创作，画在画布上或小面积作画。把喷枪绘画应用在不同的材质上也是在一步步实践中摸索出来的。喷枪的发明和使用使美国的涂鸦艺术随之"蓬勃发展"了。除了建筑之外，废旧的汽车也难逃被涂鸦的"厄运"——这应该就算是汽车彩绘的前身了。最初的汽车彩绘画家是在一些废旧的汽车上作画，因为没有系统的经验可循，画面内容主要以简单的文字涂鸦和卡通形象为主，属于一种即兴发挥的涂鸦形式。早期的汽车彩绘就这样兴起了，从平凡中走来，最终走向辉煌。

二 汽车彩绘的起源

随着国外汽车工业的发展和逐渐普及，车身被当作画布画上了各种精美个性的图案，慢慢成为各个时代年轻人追求个性张扬的方式。20世纪70~80年代是汽车发展的一个黄金时期，同时也是汽车彩绘发展的黄金时期。汽车彩绘工艺的发展带来了这个行业的飞速发展。欧美国家的汽车和摩托车改装率超过50%，而每一辆改装的汽车和摩托车几乎都有大大小小的彩绘，有些没有改装的车辆也会考虑进行车身彩绘。

在欧美等国，汽车彩绘几乎成了每辆汽车理所当然的一件"外衣"，就连在汽车工业并不发达的阿根廷，拉美民族热情奔放的性格也使汽车彩绘发展到近乎泛滥的地步。后来由于汽车彩绘图案绘制得太夸张导致交通的不便利，政府才出台相关法律加以约束。不过随后的全球经济危机也波及到了汽车行业，在危机后的一段时间内，汽车彩绘也因汽车的造型设计日趋保守、呆板，而逐渐沉寂了相当长的一段时间。一直到20世纪末21世纪初全球经济复苏之后，汽车的外形设计才又人性化，表达乐观情绪和个性张扬的汽车彩绘逐渐再次兴起。

近几年，汽车彩绘更是风靡了全世界的大街小巷，有些汽车甚至只要在不影响安全的情况下裸露在外面的每一寸"肌肤"，都被个性、艳丽的彩绘布满。

第三节 我国汽车彩绘发展史

一 喷绘工具的发展

喷枪是彩绘中一个必不可缺的绘画工具，没有喷枪就没有今天的汽车彩绘艺术了，所以中国汽车彩绘发展史要从中国人使用喷枪开始讲起。

中国人也很早就开始使用喷枪了。20世纪80年代末和整个90年代社会理念发生变革，装饰装修行业开始兴起，而那时是没有电脑的，装修的效果图要全凭着人工绘制，但是用画笔很难达到真实的效果，美术学院装潢系的老师和学生开始借用国外传入的经验使用喷枪这种特殊的工具绘制效果图，因为喷枪的颜色渐变效果非常逼真，做出的画面细腻真实感强，因此非常受到装修人士的喜爱和欢迎。

21世纪初随着电脑开始普及，人们发现应用电脑设计制作效果图要比手绘更方便，而且效果更真实，也可以根据客户的意见随时作修改。这时人的观念和认识又发生了一次大的飞跃，原来应用电脑可以使很多复杂的事情变得很容易，同时也节省了很多的时间，以前需要花一个月时间的工作量，现在用电脑只需要3天就完成了。逐渐地，电脑设计开始代替了手绘效果图，电脑里的虚拟喷枪效果代替了真实的喷枪应用，中国人火爆使用喷枪的时代没有发展起来只维持了十几年。但喷枪还一直存在着，因为电脑永远代替不了人手，很多大师级的装饰效果图还是通过人工使用喷枪来完成的，就像打印机永远代替不了油画布一样。

随着生活档次的提高，一些喜爱模型的群体也在悄悄兴起，他们开始自己着手制作模型，给模型上色，绘制真实的纹理。用喷枪给模型上色效果很逼真，颜色渐变均匀，这也是喷枪绘画的最大特点，一直以来受到模型爱好者的喜爱和应用。

二 从媒体的报道看汽车彩绘行业的发展历史

1. 汽车彩绘带你享受汽车文化

东亚经贸新闻（长春）2010-06-24

追求时尚，追求个性，恐怕是有车族一直梦寐以求的方向。随着汽车走入家庭速度的加快，单纯追求汽车的另类似乎已不可能，然而车主却可以通过很多方法让自己的爱车看起来与众不同。许多年轻一族选择了汽车改装，但对于普通消费者来说，耗费巨资去改装汽车似乎不太现实，那么怎么做才能省钱又突显个性呢？汽车彩绘恐怕是一个不错的选择。

2. 汽车彩绘行业悄然兴起　引领汽车时尚生活

腾讯大闽网　2010-09-15

随着年轻"有车一族"的与日俱增，汽车装饰、改装已经成为一种汽车文化潮流,并发展成为一项庞大的汽车文化产业。其中,汽车彩绘不仅便宜,而且可以突显个性,成为了个性时尚一族改装汽车的首选。

3. 汽车彩绘个性"文身" 爱车也有"表情"

深圳特区报 2010-11-16

对远古时候的人类来说,"文身"是在人的身体上表现一种图腾、一种信仰,代价是忍受皮肉之苦;到了现代,人们开始创作自己的图腾,把它画在身上,取而代之的是独特与自信。这就是彩绘。提到彩绘,人们大多会联想到流行的人体彩绘,或是时尚女性的指甲彩绘;但是汽车彩绘,相信你也不会太陌生⋯⋯

4. 人靠衣服马靠鞍 汽车彩绘成时尚

新华网 2011-07-22

新华网长春7月22日专电(记者赵梦卓、郭翔)在这个追求个性化的时代,百姓在购买汽车之余,也想给爱车穿上一件独一无二的"外衣"。记者在第八届中国(长春)汽车博览会上看到,汽车彩绘吸引了众多百姓的目光。

5. 现代汽车中国"汽车彩绘秀"在京上演

新浪汽车网 2012-10-29

10月28日,现代汽车"Dress-upCar Show"彩绘秀在北京蓝色港湾商业区中心广场精彩上演。

金秋的暖阳下,4辆飞思(Veloster)和2辆劳恩斯-酷派(ROHENS-Coupe)彩绘靓车光彩夺目,彩绘车辆下方的地面被绘成了3D立体画,与6辆彩绘汽车相得益彰,形成富有冲击力的现场效果,吸引了大批观众驻足欣赏。彩绘大师现场给一辆白色飞思进行山水手绘,这款经典车型本身设计的自然因素与国画艺术巧妙衔接,让科技与艺术和谐得到了最佳呈现。

6. 汽车漆面改装合法化　汽车彩绘走向春天

腾讯大闽网　2013-03-26

个性化的追求成为了当今社会的时尚，如个性的服饰、个性的家具、个性的首饰、个性的家庭装修以及个性的灯具等。个性好像已成为这个时代的代名词了，那么个性化的汽车彩绘也逐渐成为这个时代一道亮丽的风景线。

7. 奥迪汽车彩绘大赛招募　3500元油卡等你拿

车讯网　2014年05月13日

2014康桥奥迪"杭州味道"汽车彩绘大赛，让您用色彩勾勒记忆中的杭州味道。

也许我们不懂色彩，也许我们不擅绘画，但是，我们记忆中都有一份关于杭州的印象，都有一颗热爱多彩生活的心，让我们尽情想象在车上作画。只要报名参与，是你，是你，还是"你"都有可能成为"杭州味道"彩绘大师，赢得奥迪彩绘大奖。

8. 汽车彩绘从业者福音——国际彩绘师认证网络课程

大众网教育　2014-07-24　18：08

美国东宁彩绘国际艺术学校（www.pontiac-artschool.com）开设的彩绘师认证网络课程结合了美国彩绘师的艺术特点及中国人的学习理念，由著名华裔彩绘艺术家汤东柏先生亲自编写教学大纲及录制彩绘教学视频，结合实际操作，使学生可以完整的系统的学习到更多的喷笔彩绘技巧及其应用的知识。

9. 廊坊汽车彩绘艺术展 6 日启幕　陪你过中秋

易车网　2014-08-30

廊坊汽车彩绘艺术展将于 2014 年 9 月 6 日—9 月 8 日在京客隆文化广场（新华店）拉开帷幕。本次汽车彩绘艺术展，首次将汽车文化、彩绘艺术、竞技娱乐活动有机结合在一起，围绕"车绘·车趣·车生活"组织开展汽车彩绘文化展示、汽车营销服务展示、车友互动等活动，传播汽车文化、引导汽车消费、跌破价格底线、开启车界盛宴。

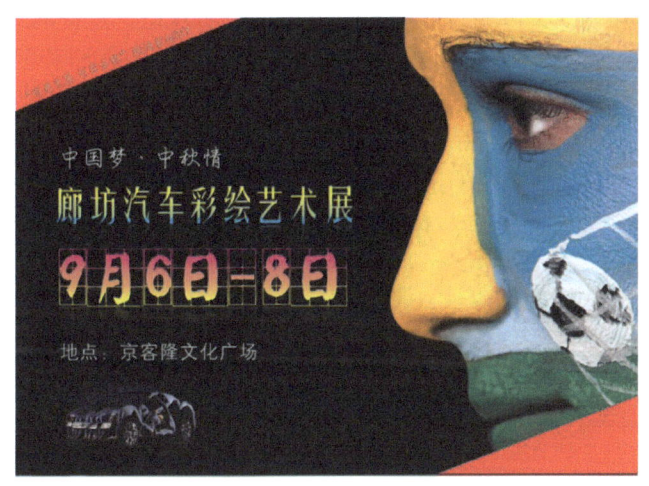

三　从技术培训的火爆看汽车彩绘的发展历史

最早在国内发现汽车彩绘商机并开始进行系统的汽车彩绘技术培训推广的单位是北京东宁彩绘技术学校（2006—2011），现在已经发展到国际化培训，学校总部设在美国伊利诺伊州庞蒂亚克市。

面对现在网络无限发展的时代，国际网络教学课程已经日益完善，美国东宁彩绘技术学校开设了国际彩绘师认证网络课程，使国际学生不必来美国本土就可以学习到系统的汽车彩绘技术，并获得国际承认彩绘师认证证书。借助社交软件进行时时指导，一样可以达到与实体课堂相同的学习效果。

2008 年 4 月，汤东柏先生（笔名东宁）带领学生进行了一次实习，给北京北苑丰田 4S 店的丰田车画彩绘，彩绘绘制得非常成功，在店内展示期间吸引了众多的观众，也使学习者看到了汽车彩绘的市场效应。5 月东宁先生又带领部分学生远赴大连为美国通用公司绘制大型集装箱彩绘，并得到了通用集团公司领导的广泛认可。

彩绘培训的市场很大，因为这是市场的需求，培训可以从一个点出发把汽车彩

绘技术以较快的速度传播到全国各地，促使汽车彩绘市场发展壮大并逐步走向成熟。

2009年是汽车彩绘事业发展的一年，因为2008年10月1日颁布的新的交通法中有了对车身颜色和图案的具体要求，虽然还没有完全放开，但已经很令人振奋了。

目前可以参照的是《道路交通安全法》，其中有两条规定：一条是已注册登记的机动车改变车身颜色的，机动车所有人应当在变更后10日内向车辆管理所申请变更登记；另一条规定对车身颜色实行的是先变更后登记，是备案式的管理，从广义上理解，颜色可以是单色，也可以是多种色调，而多种色调和图案的搭配即是彩绘。

另外，需要特别强调的是，彩绘图案还要注意符合文化导向及美学要求，不应该有涉及凶杀、暴力、血腥、色情、政治、恐怖、裸露、灾难、污辱性的文字及图案，应提倡积极、健康、文明、上进、爱心、自然、和谐的文化表达。

据腾讯网2013年03月26日报道：汽车漆面改装合法化　汽车彩绘走向春天。随着我国新的交通法放宽了对汽车改装、汽车装饰行业的限制，并大力发展这个行业，这使得采用汽车彩绘艺术的这种汽车漆面改装得以合法化，并且开始走向春天，又一个富有潜力的发展项目由此诞生，它的发展空间无限。

由于有了可以遵循的原则，汽车彩绘在某种意义上被政府认可了，因此关注这个行业的人士增加了，市场对汽车彩绘的需求也增加了，想要创业的人士看到了这一行业的发展前景，开始为投身彩绘行业做准备。培训学校学习者也不断地增加，这对汽车彩绘课程的安排又有了新的考验，因为行业发展起来，对课程的科学性要求也越来越高。经过多年的培训和实践，东宁彩绘学校积累了宝贵的教学经验，使课程的安排更加合理科学化，也更具人性化和国际化，可以根据每个人的自身情况合理安排课程和进度。

继2011年东宁彩绘学校离开北京到美国设立总部后，中国大陆彩绘培训行业出现了暂短的空白，但很快相继出现了许多新的彩绘培训机构。这些机构大多由早期从东宁彩绘学校毕业的学生创办或加盟，也都是彩绘先驱人物汤东柏先生的得意弟子。他们的彩绘教学方法也大都继承了东宁彩绘学校的教学风格。国内比较知名的彩绘教学机构有石家庄凯旋汽车彩绘培训学校、上海星火汽车彩绘培训学校、重庆劲酷彩绘艺术培训基地、北京东方汽车彩绘学校、万通汽车专修学校汽车彩绘专业、川腾汽车彩绘培训工作室、江苏哈曼尼汽车彩绘工作室、石家庄凯旋汽车彩绘工作室和山东GF汽车彩绘工作室等。

继东宁汽车彩绘后，相继出现了北京锋尚汽车彩绘、北京水墨雅轩汽车彩绘、北京左岸汽车彩绘、长沙新势力汽车彩绘、成都72变汽车彩绘、重庆劲酷汽车彩绘、上海特别特汽车彩绘和天津龍艺族汽车彩绘等，都在彩绘制作绘制方面取得了不小的成就，各有各的特点。

四 从连锁加盟看汽车彩绘的发展方向

近年来国内很多汽车美容装饰连锁加盟企业都把汽车彩绘艺术作为一个独立的加盟项目放在其中，这也是加盟项目的一个亮点。自从引进汽车彩绘加盟项目后，既增进了加盟项目的含金量也增加了营业收入，也吸引来了更多的潜在消费人群的关注，丰富了经营内容。从2008年开始，由于大量汽车美容连锁加盟企业的介入和广告效应，给企业自身带来亮点，也加快了汽车彩绘行业的普及和推广。

汽车彩绘与汽车美容装饰是分不开的，从某种意义上讲，汽车彩绘也属于汽车美容装饰的一个范畴，同属于汽车后市场，它们有着息息相关的联系和相同点。

汽车美容连锁企业加入汽车彩绘项目，使得汽车美容装饰行业更加完善，可以给客户提供更多的服务项目，同时扩展自己的经营范围。连锁企业因为是连锁经营，可以把加盟店开到全国各地区，无形中把彩绘技术也带到了全国各地，使汽车彩绘烤漆艺术迅速在国内各地区传播。

2009~2014年是汽车彩绘艺术迅速发展和逐渐走向完善的重要阶段。各大彩绘机构在这几年的实践中总结出了非常宝贵的技术知识、经验理念和市场运作经验等。汽车彩绘应该更加符合中国人的消费观念，不能把国外的汽车彩绘形式硬往中国人身上套用，但还需要结合和借鉴欧美的彩绘艺术风格和特点来完善和发展我国的彩绘事业。欧美的艺术风格与中国略有不同，欧美人性格张扬、艺术鉴赏力强，对精神层面享受要领先于中国人，但随着国际间的文化艺术交流越来越频繁，这种的差距也在逐年缩小，互相学习、互相参照总是必须的。

笔者认为中国的汽车彩绘艺术应该走出自己的特色来，中华文明有5000年文化历史是其他国家和地区历史发展中所不具备的，如果把中国的5000年的文化、历史、神韵、艺术理念与彩绘车体结合，那将是一个弘扬中国5000年传统文化的一次契机，中国梦也将会传遍世界的各个角度。

各彩绘学校的培训项目还在不断扩大着，也就预示着会有更多的人士走入汽车彩绘事业的行列。大型汽车服务连锁企业还在不断扩张着他们的新店面，也就预示着会把汽车彩绘烤漆艺术带入更多的地区，使更多的人群去了解并接受它，对汽车彩绘画师的需求也就越来越多。更多的创业者把汽车彩绘技术带回了家乡，并在自己的家乡生根发芽，服务于当地市场。

汽车彩绘有着更加广阔的市场发展空间，未来一定会发展成为一个庞大的产业。

科幻的空间、可爱的卡通人物、炙热的火焰等，这些汽车彩绘代表着每一辆车的个性，其中包括车主的心思和设计师的灵感。最关键的是每一个汽车彩绘都有别于其他汽车彩绘，就像指纹一样，自己的图案是世界上唯一的图案。

第二章

汽车彩绘必备知识

第一节　汽车彩绘的绘画基础知识

一　彩绘画师应具备的条件

喷笔与车身是彩绘中装载灵魂的工具，彩绘画师是这种艺术表达活动的实施者，那么彩绘画师所具备的艺术鉴赏能力、对艺术美感的热忱追求才是真正主导彩绘过程的灵魂力量。

既然把汽车彩绘烤漆归纳为艺术活动，那么它就离不开对美的追求，除非只想做个汽车彩绘技术人员而不是汽车彩绘画师。彩绘画师与彩绘技术人员的本质区别在于前者拥有自己的思维创造能力，有自己的审美观点，具备一定的美术基础知识，在绘制彩绘时融入了自己的个人情感，使画面内涵丰富、具有活力。总之，任何实践都是需要一套完善的理论作为主导才能成功实施的。

这就像舞蹈家要讲究神韵，画家作画要融入自己的情感意境，书法家需融入自己的气韵，作家要把自己的人生阅历、感慨、得失融入到书中，才能写出生动的文章。

在汽车彩绘烤漆的整个绘制中，艺术理论特别是美术知识一直贯穿始终。汽车彩绘所遇到的第一件事就是设计。如何去设计彩绘的画面，如何去安排画面构图，这一切都只是应用美术知识的开始。

作为一名合格的汽车彩绘画师，具备一定的美术知识是必须的，没有美术理论的指导就没有一幅完美的画面。在这里重点讲解学习汽车彩绘所涉及的，也是必须要掌握的美术基础理论和色彩知识。

二 美术的起源、概念和种类

1. 美术的起源

美术是社会意识形态之一，是指占据一定空间、具有可视形象以供欣赏的艺术，包括绘画、雕塑、工艺美术和建筑艺术等，在中国还包括书法和篆刻艺术。"美术"这一名词始见于17世纪欧洲，也有人认为其正式出现于18世纪中叶。近代日本以汉字意译，五四运动前后传入中国，开始普遍应用。关于美术的起源，最早可以追溯到原始岩画以及彩陶艺术的绘制花纹等。

2. 美术的概念

美术是指艺术家运用一定的物质材料，如颜色、纸张、画布、泥土、石头、木料和金属等，塑造可视的平面或立体的视觉形象，以反映自然和社会生活，表达艺术家的思想观念和感情的一种艺术活动。因此，美术又称为造型艺术、视觉艺术、空间艺术。

3. 美术的种类

（1）绘画　绘画是造型艺术中最主要的一种艺术形式。它是指运用线条、色彩和形体等艺术语言，通过造型、设色和构图等艺术手段，在二维空间（即平面）里塑造出静态的视觉形象，以表达作者审美感受的艺术形式。绘画种类繁多，从不同的角度可将它划分为不同的类别。从地域看，绘画可分为东方绘画和西洋绘画；从工具材料看，绘画可分为水墨画、油画、版画、水彩画和水粉画等；从题材内容看，绘画可分为人物画、风景画、静物画和动物画等；从作品的形式看，绘画可分为壁画、年画、连环画、漫画、宣传画和插图等。

不同类别的绘画形式，由于各自的历史传统不同，都有着各自独特的表现形式与审美特征。中国画又称水墨画，它在世界绘画领域中自成体系，独具特色，是东方绘画体系的主流。在工具材料上，中国画是用毛笔、墨在宣纸、绢帛上作画的，它讲究笔墨，着眼于用笔墨造型；在表现方法上，中国画采用一种散点透视的方法；在画面的构成上，中国画讲究诗、书、画、印交相辉映，形成独特的形式美与内容美。油画是西洋绘画的代表，它是世界绘画艺术中最有影响的画种。在工具材料上，油画是用油质颜料在布、木板或厚纸板上画成的；在表现方法上，传统的油画家采用焦点透视法作画；在画面的构成上，它讲究画面景物充实，按自然的秩序布满画面，呈现出自然的真实境界。

（2）雕塑　雕塑是用可雕刻和塑造的物质材料制作出具有实体形象以表达思想感情的一种艺术形式。雕塑的种类可以从不同角度来划分。从制作工艺看，雕塑可分为雕和塑，雕是从完整而坚固的坯体上把多余部分删削、挖凿掉，如石雕、木雕、玉雕；塑是用具有粘结性的材料联接、构成为所需要的形体，如泥塑、陶塑等。从题材内容看，雕塑可分为纪念性雕塑、建筑装饰性雕塑、城市园林雕塑、宗教雕塑、陵墓雕塑和陈列性雕塑。从表现形式看，

雕塑可分为圆雕和浮雕,圆雕是不附在任何背景上,可从四面八方观赏的立体雕塑;浮雕是在平面上雕出凸起的艺术形象,表现手法借助于体积和结构等。

雕塑的产生和发展与人类的生产活动紧密相关,同时又受各个时代宗教、哲学等社会意识形态的直接影响。如法国旧石器时代的圆雕裸女和牝马、野猪等浮雕,中国陕西何家湾和辽宁凌源、建平等地发现的 5000~6000 年前新石器时代的石雕、骨雕、人像和女神彩塑头像等,反映了人类对自然力的崇拜和对动物的崇拜以及认识人本身、认识世界的过程。秦始皇陵兵马俑再现了 2000 多年前的帝国大军的威势。雕塑是时代、思想、感情、审美观念的结晶,是社会发展形象化的记录。

(3) 工艺美术　工艺美术是指日常生活用品经过艺术化处理以后,使之具有强烈的审美价值的产品,一般把工艺美术分为实用工艺美术和陈设欣赏的工艺美术。实用工艺美术是整个工艺美术的主体和基础,包括衣、食、住、行、用的工艺品类,实用价值是这类工艺品的主要价值,审美价值是作为辅助价值存在的。这类工艺品包括经过装饰加工的茶餐具、灯具、木器家具、绣花制品和草竹编织品等。陈设欣赏的工艺品是指那些以摆设、观赏功能为主的工艺品,这类工艺品以审美为其首要价值,手工技艺性很强,实用价值已不明显或完全消失,如玉器、金银首饰、象牙雕刻、景泰蓝、漆器、壁挂和陶艺等。

(4) 建筑艺术　建筑是建筑物和构筑物的统称,是人类用砖、石、瓦、木、铁等物质材料在固定的地理位置上修建或构筑内外空间,用来居住和活动等的场所。建筑艺术则是指按照美的规律,运用建筑艺术独特的艺术语言,使建筑形象具有文化价值和审美价值,具有象征性和形式美,体现出民族性和时代感。以其功能性特点为标准,建筑艺术可分为纪念性建筑、宫殿陵墓建筑、宗教建筑、住宅建筑、园林建筑和生产建筑等类型。从总体上来说,建筑艺术与工艺美术一样,也是一种实用性与审美性相结合的艺术。建筑的本质是人类建造以供居住和活动的生活场所,所以,实用性是建筑的首要功能;只是随着人类实践的发展,物质技术的进步,建筑越来越具有审美价值。

三　美术的主要特征

美术的概念是十分广泛的,它给人以十分强烈的视觉冲击力,是一个十分古老的艺术门类。在过去很长的一段时间里,美术为人们提供了一个表达情感的平台,让人们可以更加直观地反映世界以及感知世界。在很多书中指出,美术的主要特征是造型性和静止性。

塑造形体是美术的一个最基本的特征,美术的主要功能就是刻画事物的外部形态,而塑造形体就是为了很好地表现各种事物的外部形态,使画面达到一种更好的直观效果。这就是美术这一艺术门类的巨大优势,使人们从视觉上获得更好的享受。

四 美术的分类

1. 中国画

中国画简称"国画",指在中华民族的土壤上长期形成和发展起来的,在世界美术领域中自成独特体系的中国民族绘画。它是用毛笔、墨以及中国画颜料,在特制的宣纸或绢帛上作画。从表现题材看,中国画可分为人物、山水、花竹、禽鸟、畜兽、虫鱼、宫室等画料;从表现手段和技法看,中国画可分为工笔、写意、钩勒、没骨、设色、水墨等画法;从幅面样式看,中国画可分为立轴、横卷、册页、扇面等款式。中国画十分重视笔墨,运用线条、墨色和轻重彩色,通过钩皴点染,干湿浓淡并用,来表现客观物象的形体结构,阴阳向背,并运用虚实疏密结合和"留白"等手法来取得巧妙的构图效果。中国画的空间处理也比较自由灵活,即可以用"以大观小"法,画重山叠嶂;也可以用"走马看山"法,画长江万里。中国画讲究"形神兼备""气韵生动",不但主张要"外师造化",在画面上还题写诗文,加盖印章,将诗文、书法、篆刻融为一体。

2. 西洋画

西洋画是区别于中国传统绘画体系的西方绘画,简称"西画",包括油画、水彩画、水粉画、版画和铅笔画等许多画种。传统的西洋画注重写实,以透视和明暗方法表现物象的体积、质感和空间感,并要求表现物体在一定光源照射下所呈现的色彩效果。

油画是西洋画的主要画种,以油剂(亚麻仁油、罂粟油和核桃油等)调和颜料,在亚麻布、纸板或木板上进行制作的一个画种。作画

时使用的稀释剂为挥发性的松节油和干性的亚麻仁油等。画面所附着的颜料有较强的硬度，色彩丰富，能充分表现出物体的色彩变化，极富真实感；当画面干燥后，能长期保持光泽。油画一般重形似，重再现，重理性，运用焦点透视，解剖等知识塑造形象。

3. 雕塑

雕塑是"造型艺术"的一种，是雕、刻、塑三种制作方法所塑造的艺术形象的总称。它以各种可塑的粘土或可雕可刻的木、石等材料制作出各种具有实在体积的形象，表现手法借助于体积和结构等。

4. 工艺美术

工艺美术是对物质材料进行艺术性的改造与加工，使之具有实用价值和审美价值的一种造型艺术。它既满足人们的物质生活需要，又满足人们精神生活的需要，是实用和审美的结合，技术和艺术的统一。从我国发展的历史和艺术形态来看，可以将其归纳为民间工艺、特种工艺、视觉传达、工业设计和环境设计五大类。

5. 书法

中国传统艺术的一种，是指写汉字的方法。中国书法根据汉字的造型规则，运用点画构成各种形态以表情达意，有正楷、草、行、隶、篆（大篆、小篆）等各种书体。书法美的基本因素是点画，其次才是由点画组成的结体。故书法用笔至关重要，是对提按、藏露、转折、轻重、缓急、方圆等矛盾关系的掌握和运用，须讲究，忌浮华轻薄。就篇而论，书法美在于字里行间气势、节奏、韵律及其所传达的意兴情绪。各种书体均讲究结构横直安排有致，顾盼呼应；布局疏密得宜，首尾连贯。

6. 素描

一种主要以单色线条和块面来表现物象的绘画形式。通常作为锻炼绘画基本功的手段，以训练观察和表现客观物象的形体、结构、明暗、质感、量感和空间感的能力。素描亦可作为一种独立的艺术形式运用于创作。

7. 水粉画

水粉画是用水调和粉质颜料描绘出来的图画。水粉颜色一般不透明，有较强的覆盖能力，可进行深入细致的刻画。运用得当，能兼具油画的浑厚和水彩画的明快的艺术效果。

8. 壁画

壁画是绘在建筑物的墙壁或天花板上的图画，分为粗底壁画、刷底壁画和装贴壁画等。壁画是最古老的绘画形式之一，埃及、印度、巴比伦保存了不少古代壁画，意大利文艺复兴时期，壁画创作十分繁荣，产生了许多著名的作品。我国自周代以来，历代宫室乃至墓室都有饰以壁画的制度；随着宗教信仰的兴盛，又广泛应用于寺观、石窟（例如敦煌莫高窟、芮城永乐宫，至今大量保存着著名的佛教壁画和道教壁画遗迹）。

9. 漫画

绘画种类之一,又称讽刺画。讽刺画一词来源于意大利文 Caricare,义为夸张,后来演变为专指具有讽刺和滑稽意味的图画,即 Caricature 一词。通过夸张、变形、假定、比喻、象征等手法,以幽默、风趣、诙谐的艺术效果,讽刺、批评(或歌颂)现实生活中的人和事。

10. 写生

写生是中国画传统的术语。将描写花、木、鸟、兽等生物的绘画称为写生,如五代黄筌的《写生珍禽图》。在现代通常的绘画用语中,凡是直接以实物、实景为对象进行描写,统称为写生。

11. 速写

以迅速而准确的观察力，运用简练的线条，扼要地描绘出对象的神态、形体、动作等特征的一种画法。它是培养作画者敏锐的观察力和迅速把握对象特征的概括力的重要绘画手段，也是记录生活、积累创作素材的重要手段。

五 美术的主要表现形式

美术是以物质材料为媒介，塑造可观的静止的，占据一定平面或立体空间的视觉形象的艺术。它是表现作者思想感情的一种社会意识形态，同时也是一种生产形态。

美术的范围非常广泛。从大的方面说，它可以大体分成观赏性艺术和实用性艺术两种类型。

从观赏性艺术来讲，它主要包括绘画和雕塑两大类。根据使用的物质材料和工具的不同，绘画又可分成中国画、油画、水彩画、水粉画、版画和素描等画种。雕塑也有圆雕和浮雕等多种形式，所用材料则有石、木、泥、石膏和青铜等。

实用性艺术同样包括工艺美术和建筑艺术两大类。目前，国内外对工艺美术这个概念的理解虽有不同的看法，但按照通常的说法，工艺美术包括了传统手工艺品、现代工业美术和商业美术三大部分。传统手工艺品如玉雕、象牙雕刻、漆器和金属工艺品等；现代工业美术（或称"工业设计"）包括一切为满足人们日益增长的物质生活和精神生活需要的适用而美观的生活用品（如花布、陶瓷、玻璃器皿、家具、地毯和家用电器等），以及现代化的交通工具和机械的造型和色彩设计；现代商业美术主要是指商品标志、包装装潢和商业广告等。建筑艺术之所以也属于美术的范围，那是由建筑本身包含的技术科学和艺术的两重性所决定的。任何一座建筑物总是以具有某种空间形体的物质结构矗立在大地上的，这就必然有一个造型是否美观的问题。从这个意义上讲，建筑和雕塑一样是一种非常具体的造型艺术。

艺术传播指借助于一定的物质媒介和传播方式，将艺术信息或作品传递给接受者的过程。艺术接受即指在传播的基础上，以艺术作品为对象、以鉴赏者为主体，积极能动的消费、鉴赏和批评活动。

以往从艺术作品到艺术欣赏，大多采用简单的、直接的传播方式，传播的意义并未引起人们的关注，这主要是由于生产力水平及科技水平的局限，传播功能落

后，未能对艺术活动产生较大的影响。而在近百年、特别是近几十年来，世界科学技术的迅捷发展对于艺术活动产生了巨大影响。电子技术、卫星技术、计算机技术等高新科技的发展以及在文化艺术领域的广泛应用，使艺术传播方式和功能获得重大进展。它不仅使影视艺术成为当今最具有大众性的艺术样式，同时其中许多表现形式和传播方式影响到其他艺术样式，视像技术的优越性功能得到充分的体现。艺术传播在当代艺术活动领域，已经显示出越来越重要的作用和地位，对于艺术品的传播形式、规模、速度、周期、增殖量大小，以及对于接受者的接受方式、欣赏情趣等，都具有极大的影响。

艺术的接受，包括艺术的消费、鉴赏和批评，是艺术活动的终点，也是艺术家及艺术作品内在价值获得最终实现的根本途径。艺术接受者的鉴赏与批评活动具有很强的主体性意义，它既是对于艺术作品的审美认知、诠释和创造，同时也是与艺术家的精神交流和对话。艺术接受还可以对艺术家乃至客体世界予以精神性反馈，从而实现艺术活动与社会活动的结合，使艺术活动融于人类社会活动的宏大系统中，并在其间发挥作用。

六 美术主要研究什么

美术主要研究艺术概论、三大构成、中外艺术学、大众传播等。人们运用摄影、绘画和雕塑等造型手段表现过去生活的作品，观看这些作品中的任务和场景，往往能从有趣的细节和感人的故事中引发丰富的想象。艺术作品不是机械的模仿自然，艺术家在反映现实生活的同时，总要融会自己的思想观念和情感态度。优秀的艺术家总是关注社会生活，关爱自然环境，在创作中表现自己的个性。

题材是文艺作品内容的构成要素之一。主题是文艺作品中蕴涵的基本思想。

改变事物大小比例，改变原有空间位置或环境可以形成新的视觉形象。

中国结象征团结、和谐、温暖的人际关系。著名的舞蹈纹盆是石器时代的彩陶。陶盆内壁绘的舞蹈纹反映了原始社会人们生活的一个侧面，称为远古的呼唤。

绘画中的特殊技法基本包括撒盐法、吹色法及油色吸附法三种。它们一般用来表现星空。

美术作品体现的运动感是人的一种视觉感受。这种感受受到形体的方向、形状重心、力度等方面的控制和引导。

七 美术的基本知识

1. 素描基础知识

（1）形体的点、线、面　人们所描绘的物体都是立体的，而最基本的形体是立方体、球体、柱体与锥体。素描写生可从这四类形体出发，去研究主体构成的基本因素与形体塑造的关系。

1）点表示位置，是形体塑造的标记，对于造型有着特定的数量意义。先看位

置点,找出它的基点与顶点、右点、左点、近点和远点,这些点规定着物体的整体范围和各面之间的大小比例关系。再看转折点,这些点如同交通枢纽,联系着形体中的线与面。

2) 线由点的定向运动产生。线条是点运动的延续,连接起点和终点的是线,任何一幅素描都是由无数的线组合而成。线是形体塑造的中坚,有着无穷的魅力。

辅助线是指在形体塑造的过程中所借助的假设线。这些线有助于把握形体的动势和形体的整体特征,有利于表现形体时做到从整体到局部的有序进行。

轮廓线反映的是形体转折部分。在绘画过程中,轮廓线的表现要求由直线到曲线,由外轮廓到内轮廓,从而形成物体的立体框架。

3) 面是无数点的组合或无数线排列后的效果,在视觉上形成了面,而面运动产生了体。在造型过程中,面可分为两类,即直面与曲面。

直面立方体在画面上一般是以正面、侧面、顶(底)三个面呈现。

曲面球体借助于光线,在画面上一般是以亮面、暗面、明暗交界线(面)、反光面和投影组合而成。

任何一种复杂的形体,都可以由立方体、球体体面关系去理解和分析。

(2) 比例与分割 比例是指物体间或物体各部分的大小、长短、高低、多少、窄宽、厚薄和面积等方面的比较。不同的比例关系形成不同的美感,观察与表现比例关系有个较好的方法,如先抓住相比关系因素的两极,再确定中间部分,依次分割下去,就可以确定出任何复杂的比例关系。

(3) 特征与基本形 物体的形体特征,是指物象都有自己的特征,使相互之间得到区别。在对形状进行概括与归纳后,可形成一个基本形的概念,如圆形:人脸、苹果、罐子、太阳;方形:课桌、书籍、电视机、房子等。因此可以这样说,抓住了基本形就基本抓住了形体的主要特征。

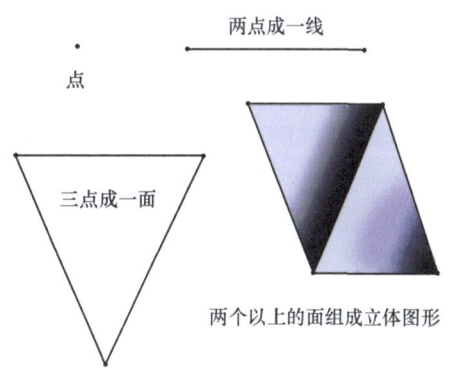

点、线、面的关系

从形体总体出发,对物体的原形进行简化,省去繁琐的细枝末节,以形成简单的几何形状。首先是抓住它的平面形,是方、圆还是角;再看它的体积特征,属于立方体、球体还是柱体。在具体作画时,先目测高度,再目测宽度,最后作上、下的宽窄比较,就能把握住形体的基本特征。

(4) 转折与轮廓 当构成物体的面发生方向上的变化时,形体的面就出现了转折。方形物体转折明显,称为折;圆形物体转折缓慢,称为转。一般物体的边缘可以看作是转折,立方体外缘内的棱为转折,叫内轮廓。球体内侧的明暗交界可视为转折,也属于内轮廓。在造型过程中,以线去体现形体的转折处,即为轮廓线。根据形体转折内外的部位，轮廓线可分为外轮廓线和内轮廓线。在作画起稿过程中，应集中表现物体的轮廓，抓住轮廓的方法可采取由外到里的方法。

(5) 结构与构成　结构是指物体本身各部分的组合和构造。物体都有内部和外部的构成因素和结构关系，各部分的互相连接、穿插、重叠、相离等决定了物体的形体。在素描训练中，对结构加入一些主观成分和表现手法，反映在画面上的形体结构，可看作是一种构成。

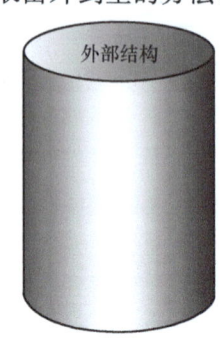

(6) 透视与空间　一切物象占有一定的空间，物与物之间也存在着一定的空间距离，如画者与写生物的空间距离，被画物体之间的空间距离，被画物本身前后的空间距离，被画主体与背景的空间距离等。在素描中，利用物体的透视变化产生距离感，表现空间的技法，其中最基本的方法是透视原理的运用。

1) 几何透视法产生于数学原理，是把几何透视运用到绘画艺术表现之中，是科学与艺术相结合的技法。它主要借助于远大近小的透视现象，用于表现物体的立体感。几何透视法包括视平线、心点和距点3个要素。视平线一般是指画者平视时与眼睛高度平行的假设线。视平线决定被画物的透视斜度，被画物高于视平线时，透视线向下斜；被画物低于视平线时，透视线向上斜。心点是指视觉中心，它位于画者的核心部位。在平行透视中，一切透视线引向心点。距点是视点至心点的距离，如果把视距移至视平线上心点的两侧，所得的点为距点。

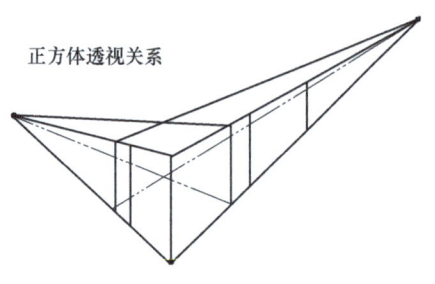

2) 平行透视。当立方体的6个面中，有一个面与画者的位置呈平行状态时，画者所看到的是面产生的透视变化。

3) 成角透视。当立方体的一个角正对画者时，立方体所有的面都产生透视变化。

4) 空气透视法是借助空气对视觉产生的阻隔作用，表现绘画中空间感的方法。它主要借助于近实远虚的透视现象，表现物体的空间感，其特点是产生形的虚实变化、色调的深浅变化、形的平面变化、形的繁简变化。

(7) 明暗与调子　物体的形象在光的照射下，产生了明暗变化。光源一般有自然光、阳光、灯光（人造光）。由于光的照射角度不同，光源与物体的距离不同，物体的质地不同，物体面的倾斜方向不同，光源的性质不同，物体与画者的距离不同等，都将产生明暗色调的不同感觉。在学习素描中，掌握物体明暗调子的基本规律是非常重要的，物体明暗调子的规律可归纳为"三面五调"。

1）三面是指物体在受光的照射后，呈现出不同的明暗，受光的一面叫亮面，侧受光的一面叫灰面，背光的一面叫暗面，这就是三面。

2）五调是指画面不同明度的黑白层次，是体面所反映光的数量，也就是面的深浅程度。对调子的层次要善于归纳和概括，不同的素描调子体现不同的个性、风格、爱好和观念。在三面中，根据受光的强弱不同，还有很多明显的区别，形成了五个调子。除了亮面的亮调子，灰面的灰调子和暗面的暗调子之外，暗面由于环境的影响又出现了"反光"。另外在灰面与暗面的交界地方，它既不受光源的照射，又不受反光的影响，因此挤出了一条最暗的面，叫"明暗交界"。这就是常说的"五调"。当然实际画起来，不仅仅是这五调，还要更丰富，但在初学时，起码要把这五种调子把握好。在画面中树立调子的整体感，即画面黑、白、灰的关系，运用好这五大调子来统一画面，表现画面的整体效果。

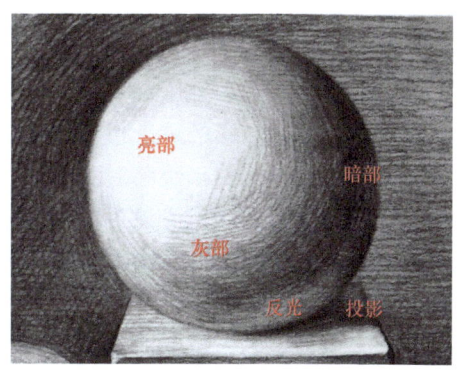

2. 色彩构成基础知识

汽车彩绘所表现的画面中完全应用了色彩构成的基础知识，在整个汽车彩绘的绘制过程中，色彩知识的运用贯穿始终。

色彩构成遵循的规律和法则，是色彩及其关系的组合。它和绘画一样是视觉艺术的表现手段，是可视的艺术语言。学习色彩是从印象（视觉）、表现（情感）和结构（象征）三方面去学习和认识色彩。

（1）色彩　色彩是客观存在的物质现象，是光刺激眼睛所引起的一种视觉感。它是由光线、物体和眼睛3个感知色彩的条件构成的。缺少任何一个条件，人们都无法准确地感知色彩。

自然界的各种受光物体，在接受光源照射时，由于物体性能不同，对光线的吸收和反射力也不同。看到的物体色就是受光体反射回来的光线，并刺激视神经而引起的感觉。例如物体的红色，其色彩是吸收了光源中的一些单色光，反射出红色光而形成的。

任何一个色彩，都具有一定的明度、色相和纯度关系，这是色彩的基本要素。

1）明度。明度是指色彩的明暗程度，光的明度称亮度，明度由光的振幅决定。振幅宽明度高，振幅窄明度低。物体受光量越大，反光越多，则物体色越浅；反之，则越深。黑色反光率最低，白色是反光率最高的色。将黑色和白色列为色彩明度的两极，黑色作为0°色标，白色作为10°色标，它们之间的色分为9个明度色标，形成了一个明度色阶序列。

2）色相。色相是色彩的相貌，是一种色彩区别于另一种色彩的表面特征。它是由光的波长引起的一种视觉感。光和物体的色相千差万别，色相之多是惊人的。

为了便于归纳组织色彩，将具有共性因素的色彩归类，并形成一定秩序，如大红、深红、玫瑰红、朱红、西洋红及不同明度、纯度的红色，都归入红色系中。色相秩序的确定是根据太阳光谱的波长顺序排列的，即红、橙、黄、绿、蓝、靛、紫等。它们是所有色彩中最突出的，纯度最高的典型色相。色相划分的数目不等，甚至多达一百位色相，但都是按光谱顺序排列的，构成色相带或色相环。

3）纯度。纯度即色彩所含的单色相饱和的程度，也称为彩度。决定色彩纯度的因素是很多方面的。从光的角度讲，光波波长越单一，色彩越纯；光波波长越混杂，比例均衡，使各单色光的色性消失，纯度为零。任何一个标准的纯色，一旦混入黑、白、灰，色性、纯度都降低，混入越多，色彩越灰。同一高纯度色彩在强光或弱光的照射下，色彩的纯度也相应降低。

从生理角度看，由于眼睛对不同波长的色光敏感度有差异，因此也影响色彩纯度的视觉差异。例如红色光波对眼睛刺激强烈，敏锐，鲜艳度即高；绿色光波对眼睛刺激较柔和，鲜艳度即低。所以太阳光谱中的各色相的纯度亦不完全相同。

色彩的三属性是互相依存，互相制约的，很难彻底分开。其中任何一个属性的改变，都将引起色彩个性的变化。但它们之间又互相区别，具有独立意义，因此必须从概念上严格分开。

（2）错视　人的眼睛虽然灵敏度极高，但看错现象却经常发生，这是因为错视使色彩实体和色彩感觉出现不一致。色彩感觉虽然不是真实的色彩实体，却是精神上和心理上的真实。只要色彩对比因素存在，错视现象也就必然存在，因此无需加以纠正。由于长期的错视经验使人们认为错视获得的色彩感觉才是客观真实的，如果纠正了，反而不习惯了。正如人们视觉中远处的人像蚂蚁大的黑点，但谁也不认为人和蚂蚁一样大，也不会把远山上偏蓝紫的树看成是绿树。视觉艺术就常常借助错视现象，在平面图像中建立空间感、立体感，以及真实表现自然色彩。色彩的错视现象产生的主要原因如下。

1）由生理构造引起错视。由于眼睛的晶状体对于不同色波的微小差异不能有完整精密的调节作用，因此长波的红色、橘色在视网膜后侧成像；短波的蓝色、紫色在视网膜前侧成像，于是就产生了错视，看红色、橘色比实际位置离眼近些，而觉得蓝色、紫色就比较远一些。

由于色彩的冷暖、纯度、明暗，对眼睛的刺激会引起不同程度的神经兴奋，因此刺激性强的暖色、鲜色、亮色，给人感觉强烈，似乎就近一些，大一些；刺激性弱的冷色、灰色、暗色，看起来就觉得远一些，小一些。

一个直径为4.5mm的圆形色块，离眼睛5m远，投影到眼睛的视网膜上的图形，正好与一个感色体的大小吻合，因此能准确地感知色块的色彩。超过这个限度，眼睛灵敏度降低，出现色彩空间透视，就不能看准色彩而产生错视，这与物体素描时透视变形是同样道理。一般规律是近鲜远灰，近暖远冷，近深远浅，并将两个以上色彩看成一个色彩，形成空间混合。

2）由色彩对比引起错视。当两个以上色彩并置时，由于色彩之间存在差异比较，使对比双方的色彩个性更加鲜明突出，看起来明者更亮，暗者更深，灰者更灰，鲜者更艳。同时色彩倾向也会发生变化，色彩对比越强，效果越显著。

3）由色彩的形态关系引起错视。这是因为色彩面积、形态、位置的变化而导致的色彩错视。面积大的色彩个性强，感觉稳定；面积小的色彩个性弱，感觉不稳定，易发生色彩变化，在和其他色彩并置时容易产生错视。实面和定形面的色彩稳定；虚面和不定形的面、线、点的色彩不稳定，容易产生错视。两色位置越近越容易产生错视，位置距离越远错视越小，两色相邻时其交界处会形成边缘错视。

错视现象表明色彩实体和色彩感觉是两个截然不同的领域。因此观察分析与选择组合色彩时，必须考虑到因色彩错视而引起的色彩变化，通过恰当地调节色彩来获得较好的效果。例如在靴鞋色彩造型设计中，应充分利用错视所引起的色彩变化。利用色革形体、面积、位置的变化，增强主题的渲染。通过明暗色块的镶嵌、压接或衬托，增强层次感、立体感。利用擦色革或喷饰工艺所造成的色彩错视现象，产生新的视觉效应，也可以利用同一色革形体和面积的变化及工艺的处理，使视觉产生两种以上色彩感。当然这需要设计师在实践中不断去探索，去发现，去创新，逐步积累经验。它是难于绘制色彩画的。

3. 色彩对比与调和

（1）色彩对比　对比是质或量相互间极不相同的两个要素配置时，令人感到相互间的性质被突出的一种现象。通过对比，使相互比较的色彩个性更加鲜明，视觉效果才更加突出。

色彩对比并不是势均力敌，一般都是一方起主导作用，另一方起映衬作用。色彩对比可分为同时对比和连续对比。同时对比是在同一视域和同一瞬间内发生的对比，如靴鞋的异色镶嵌、异色口条与帮面等。但当鞋采用里外环异色结构，只有在行走时，左右脚前后交替才出现连续对比。

色彩对比有明度、色相、纯度对比，有形状、面积、位置、方向对比，也有视觉产生的冷暖、进退、胀缩、轻重、软硬的对比等。

1）明度对比。由色彩的明暗差异而形成的对比，称为明度对比。色彩最深的黑色到最亮的白色，分为11个不等明度色阶，白色为10°，黑色为0°。最暗的色阶为0°~3°，属于低调色。灰色阶段为4°~6°，属于中调色。最亮的色阶为7°~10°，属于高调色。

在低、中或高调色内的对比为弱对比，称为短调。在低和中调色或中和高调色之间的对比是比较强的对比，称为中调。在高和低调色之间的对比是强对比，称为长调。

不同明度基调形成不同的视觉效果和情感。一般规律是高调色——活泼、柔软、明亮、高贵、辉煌、轻飘；中调色——柔和、含蓄、质朴、稳重、明确；低调色——朴素、丰富、沉重、迟钝、寂寞、压抑、阴暗。长调——光感强，形象清晰，易见度高，空间层次明确丰富，锐利刺目；中调——光感适中，视觉舒适，形象明确略显含蓄，动中有静，既富有变化又和谐统一；短调——光感弱，形象模糊不清晰，易见度低，含蓄隐晦。在旅游鞋、运动鞋、童鞋的色彩构成中，多用长调，为的是醒目，并有强烈的冲刺，飞跃的动感；而时装鞋、凉鞋采用中调，只求动中有静，暖中含冷，既变化又和谐。

2）色相对比。由于色相差异引起色彩的对比为色相对比。色相对比的强弱，决定于色彩在色相环上的位置，色相距离在15°以内的色彩搭配属同一色系的不同倾向，称为同类色对比。由于其色相十分近似，色调容易和谐统一，具有单纯、柔和、高雅、文静、朴实和融洽的效果。但同类色相明度也接近，因此色相之间极具共性，缺乏个性差异，对比效果单调，注目性弱。在色革鞋帮结构中，帮面与鞋帮口条革的色彩对比，有时采用不同色革，由于面积和形体及材质的不同产生双色效果。而有的则采用同类色的

色相环

短调，令人有微变又不刺目的感觉，获得既不保守又很含蓄的效果。

色相在色相环上距离超过15°~60°的色彩搭配，称为邻近色对比。两色间既有共性也有个性。例如红与紫的对比，相同的是红色，不同的是红中无蓝，紫中有蓝。邻近色对比的色感较鲜明，特征突出，既富有变化，又易和谐统一，有丰富的情感表现力，适合人们视觉和心理上对色相的需求。如晚会上穿紫色长裙，配一双红色高跟鞋，就受人喜欢，看起来顺眼。邻近色是最容易搭配，最易出对比效果的。

色相在色相环上的距离超过60°~130°的色彩搭配，称为对比色对比。其个性大于共性，相互对立冲突属于强烈的色彩对比，对比效果鲜明、丰富、刺激。对比适度使人感到兴奋、激动；对比不当则令人眼花缭乱，刺激神经过度引起视感心烦意乱。这种对比难度较大，不易和谐统一。

色相在色相环上距离180°左右的色彩搭配，处于色相环的两极，是最强烈的对比，因为两色互补，称其为补色对比。以红和绿、黄和紫、蓝和橘为最典型，它比对比色更完整、更丰富、更强烈、更刺激。它能满足视觉和心理对全色的需要，具有饱满、活跃、紧张、力量的特性，表现出幼稚、原始、粗犷的美感。由于补色双方对立，配置难以和谐统一，往往产生不协调、不含蓄、不安定的效果。

各补色在情感上有相似之处，也各有特色。黄和紫是色彩明暗的两极，效果明快醒目。蓝和橘是色彩冷暖的两极，效果活跃有生气。红和绿是色彩纯度的两极，

明度相差无几,刺激性最强,有眩目之感。往往通过调整明度、纯度或面积、位置来获取统一感。在童鞋的色彩设计中,常常使用补色对比,来满足儿童对全色的需求,借以表现童心和童趣。

3)纯度对比。色彩的纯灰差异形成的对比,称为纯度对比。色彩纯度对比可增强纯色的鲜艳度,含灰色的柔和度,使之相互映衬,各得其味。对比越强,色感越鲜明,效果越生动活泼。若对比不当会出现配色的粉、脏、灰、闷或单调、软弱、含混等弊病。

色相和明度都十分接近的纯度对比,总的效果是柔和、含蓄,但清晰度低,形象模糊,缺乏层次感。色相同一,明度和纯度都有变化的对比,效果单纯、清晰、醒目,富有变化,应用范围广,但不够丰富,略显单调。色相、明度和纯度都有变化的对比,具有各种表现力,它已超越单一对比的范畴,属于综合对比。

纯度对比

4)形状对比。有色就有形,形和色是密不可分的。虽然形和色都具有独立的表现意义,如红色活跃、三角形锐利,而形和色相结合与红色、三角形所表现的内容就超过了单纯的形和色所含内容。红色的圆形和红色的三角形,对视觉的刺激和引起的心理反应截然不同。

红色的面和红色的点,也使人对明度、纯度及其色感都有明显的差异。

色彩的形态从结构上大致可分为聚集形和分散形两类。聚集形是由面或体构成的形,其中最典型的是圆形、三角形、方形等几何形体。在面积相当的情况下,正圆形的聚集程度最高。分散形是由点和线构成的,匀散的雾状是分散程度最高的。

聚集性越高的色彩,越不易和其他色彩发生空混,稳定性越强,色感越强,对比越强烈;聚集形色彩的边缘清晰,结构鲜明,不易产生错视,其色彩注目程度高,对人的生理和心理影响明显。分散性越高的色彩,越容易和衬景产生空混,稳定性就越低,常常产生异化现象,色彩的个性随之改变,对比也比较弱;分散形色彩边缘模糊,结构松散不定形,易产生错视,其色彩注目性低,对人的生理影响较弱。

5)面积对比。两个色彩之间,相对面积的比例就是色彩面积的对比。当两个色彩面积比例相同时,表现出特定的视觉特征,一旦改变其中一色或两色面积,色彩的明度、纯度等则随之改变。可见色彩的个性和情感表现不是绝对不变的,它在一定程度上受到面积的支配。色彩面积比例还是决定色彩构图是否稳定的重要因素，色彩面积比例对色调的形成和色彩节奏的变化起着重要的作用。

（2）色彩调和　当一个色彩扩大面积时，则视角扩大，视面积随之增大，色彩明晰度相应提高，色感增强，甚至改变色彩对视觉、对人的生理和心理反应。生理心理学表明感受器官能把物理刺激能量，如压力、光、声和化学物质，转化为神经冲动，神经冲动传到大脑后而产生感觉和知觉，而人的心理过程，如对先前经验的记忆、思想、情绪和注意集中等，都是大脑较高级部位以一定方式所具有的机能，它们表现了神经冲动的实际活动。费厄发现，肌肉的机能和血液循环在不同色光的照射下发生变

面积对比

化，蓝光最弱，随着色光变为绿、黄、橙、红而依次增强。库尔特·戈尔茨坦对有严重平衡缺陷的患者进行了实验，当给她穿上绿色衣服时，她走路显得十分正常，而当穿上红色衣服时，她几乎不能走路，并经常处于摔倒的危险之中。也有人在对色彩治病方面作了如下对应关系：紫色——神经错乱；靛青——视力混乱；蓝色——甲状腺和喉部疾病；绿色——心脏病和高血压；黄色——胃、胰腺和肝脏病；橙色——肺、肾病；红色——血脉失调和贫血。

不同的实践者，利用色彩治病有复杂的系统和处理方法，选择使用色彩的刺激去治疗人类的疾病，是一种综合艺术。

有人举例说，在伦敦附近泰晤士河上的黑色桥，跳水自杀者比其他桥多，改为绿色后自杀者就少了。这些观察和实验，虽然还不能充分说明不同色彩对人产生的各种各样的作用，但至少已能充分证明色彩刺激对人身心的重要影响。这就相当于长波的颜色引起扩展的反应，而短波的颜色引起收缩的反应。整体机体由于不同的颜色，或者向外胀，或者向内收，并向机体中心集结。此外，人的眼睛会很快地在它所注视的任何色彩上产生疲劳，而疲劳的程度与色彩的彩度成正比，眼睛有暂时记录它的补色的趋势。如当眼睛注视红色后产生疲劳时，再转向白墙上，则墙上能看到红色的补色绿色。因此，赫林认为眼睛和大脑需要中间灰色，缺少了它，就会变得不安稳。由此可见，在使用刺激色和高彩度的颜色时要十分慎重，并要注意到在色彩组合时应考虑到视觉残象对物体颜色产生的错觉，以及能够使眼睛得到休息和平衡的机会。

4. 色彩的含义和象征性

人们对不同的色彩表现出不同的喜恶。这种心理反应，常常是因人们生活经验、利害关系以及由色彩引起的联想造成的，此外也和人的年龄、性格、素养、民

族、习惯分不开。例如看到红色,联想到太阳,万物生命之源,从而感到崇敬、伟大,也可以联想到血,感到不安、野蛮等。看到黄绿色,联想到植物发芽生长,感觉到春天的来临,于是把它代表青春、活力、希望、发展、和平等。看到黑色,联想到黑夜、丧事中的黑纱,从而感到神秘、悲哀、不祥、绝望等。看到黄色,似阳光普照大地,感到明朗、活跃、兴奋。人们对色彩的这种由经验感觉到主观联想,再上升到理智的判断,既有普遍性,也有特殊性;既有共性,也有个性;既有必然性,也有偶然性,虽有正确的一面,但并未被科学所证实。因此,在进行选择色彩作为某种象征和含义时,应该根据具体情况具体分析,决不能随心所欲,但也不妨碍对不同色彩作一般的概括。色相的一般特性如下。

(1) 红色 红色是所有色彩中对视觉感觉最强烈和最有生气的色彩,它有强烈地促使人们注意和似乎凌驾于一切色彩之上的力量。它炽烈似火,壮丽似日,热情奔放如血,是生命崇高的象征。人眼晶状体要对红色波长调整焦距,它的自然焦点在视网膜之后,因此产生了红色目标物较靠近的视觉错觉。红色的这些特点主要表现在高纯度时的效果,当其明度增大转为粉红色时,就戏剧性地变成温柔、顺从和女性的性质。

(2) 橙色 橙色比红色要柔和,但亮橙色和橙色仍然富有刺激和兴奋感,浅橙色使人愉悦。橙色常象征活力、精神饱满和交谊性,它实际上没有消极的文化或感情上的联想。

(3) 黄色 黄色在色相环上是明度级最高的色彩,它光芒四射,轻盈明快,生机勃勃,具有温暖、愉悦、提神的效果,常为积极向上、进步、文明、光明的象征,但当它浑浊时,就会显出病态的感觉。

(4) 绿色 绿色是大自然中植物生长、生机盎然、清新宁静的生命力量和自然力量的象征。从心理上讲,绿色令人平静、松弛而得到休息。人眼晶状体把绿色波长恰好集中在视网膜上,因此它是最能使眼睛休息的色彩。

(5) 蓝色 蓝色从各个方面都是红色的对立面。在外貌上,蓝色是透明的和潮湿的,红色是不透明的和干燥的;在心理上,蓝色是冷的、安静的,红色是暖的、兴奋的;在性格上,红色是粗犷的,蓝色是清高的;对人机体作用,蓝色降低血压,红色增高血压。蓝色象征安静、清新、舒适和沉思。

(6) 紫色 紫色是红青色的混合,是一种冷红色和沉着的红色,它精致而富丽,高贵而迷人。偏红的紫色,华贵艳丽;偏蓝的紫色,沉着高雅,常象征尊严、孤傲或悲哀。紫罗兰色是紫色中较浅的阴面色,是一种纯光谱色相,紫色是混合色,两者在色相上有很大的不同。

色彩在心理上的物理效应,如冷热、远近、轻重、大小等;感情刺激,如兴奋、消沉、开朗、抑郁、动乱、镇静等;象征意象,如庄严、轻快、刚柔、富丽、简朴等,被人们像魔法一样地用来创造心理空间,表现内心情绪,反映思想感情。任何色相、色彩性质常有两面性或多义性,要善于利用它积极的一面。其中对感情

和理智的反应，不可能完全取得一致的意见。根据画家的经验，一般采用暖色相和明色调占优势的画面，容易造成欢快的气氛，而用冷色相和暗色调占优势的画面，容易造成悲伤的气氛。

八、彩绘练习中如何把握物体各部分的色彩关系

在有固定的光源下，人们才能把握物体各部分的色彩关系。作为光色现象，冷暖变化是一种客观存在，同时它与人的视觉生理及心理反应相关。那么，在一定的光源下，物体的色彩在特定的环境中会发生哪些变化呢？人们知道，一个物体在阳光的照射下，受光部会产生暖的感觉，而阴影部就会产生冷的感觉，这种经验几乎每个人都有直观的体会。如强烈的阳光照射在白色墙面上，受光照射的白色墙面会产生暖黄的色彩，背光的墙面阴影处或树干、枝叶留在白墙上的投影则会产生一种偏浅紫蓝灰的冷色彩。如果再细细地观察这些阴影的色彩，又会发现墙的上方阴影偏蓝灰色，接近地面的阴影则给人以蓝中带些黄的色彩感觉。这是环境色对投影进行反射的结果。上部分阴影偏蓝，是因为天光（蓝天）的色彩反射形成的；下部分的阴影在蓝色调中逐渐产生偏黄的色彩，是因为地面的色彩对它的反射形成的。

另外，在阴天的光色中和在日光灯的照射下，由于天光和日光灯都属于冷色，亮部就非常明显地呈现冷光色，而暗部的色彩则偏暖。它说明了一个基本道理：物体的受光部冷，暗部就暖；受光部暖，暗部就冷。这种色光现象的冷暖变化本身是一种客观的存在，同时它与人类的视觉生理及心理密切相关。理解并掌握物体的色彩冷暖变化的规则十分重要，它是人们认识物体在空间中的色彩变化并进行色彩写生的基本依据，否则画面中的各类物体的色彩关系将是无序和混乱的。在了解了光源色对物体的冷暖产生决定性影响的前提下，人们还应了解物体本身的固有色与环境色的相互影响而产生的变化及相互关系。

所谓物体的固有色，是该物质的成分对光的吸收与反射作用的结果。人们知道，耀眼的日光在三棱镜的分离下呈现出七彩的光源，不同的颜色对光线中不同波长的色光的吸收程度是有差异的，由此得到了在视觉中所感受到的不同物体的固有色。物体固有色只是人们对某一物体的颜色的一个基本概念，如果把它与空间中的光源、环境中的物体的色彩联系起来进行仔细观察，就会发现，由于物体本身的起伏、高低及前后、远近的因素，导致色彩发生很多细微的变化。为了便于分析，人们把物体亮部、中间调、暗部、投影、反光等几大区域的色彩变化逐一加以说明，使绘画师们能在繁复的色彩中把握其基本倾向的成因。概括地说，物体的受光部是暖色，与之相对的背光部就是冷色。亮部色彩是光源色+固有色的混和，亮光色基本是光源色+微量固有色；中间调子层次则以固有色成分最强，有少量的光源色和环境色成分，交接线是物体色彩+该物体色彩的补色；暗部色彩主要是物体固有色+环境色；反光色彩主要是环境色+少量暗部色彩，反光色的强弱与该物体的表

面质感相联系，光滑物体反光色彩强，粗糙物体反光色彩弱；投影色是物体的补色＋受投影物体色彩＋环境色。明确了上述基本概念，在分析画面物体时就能胸有成竹，主动地把握画面中各部分的色彩关系，都会得心应手地表现出物象丰富变化的色彩关系。

学习汽车彩绘应先从学习美术知识开始，没有系统的美术理论做指导，汽车彩绘就无从学起，就像盖楼房地基要打牢一样，扎实的基本功在以后汽车彩绘的绘制过程中是非常重要的。但接触和想要加入汽车彩绘行业的人士很多都没有系统的学习过美术，这个不要紧的，美术的理论可以慢慢地融入到汽车彩绘的学习当中，只要功夫深，铁杵磨成针，付出了辛苦就一定会有回报的。

第二节　汽车彩绘技术知识

理论指导实践

学习完必备的美术知识后，下一步就是要了解一些技术性的知识，特别是在制作彩绘过程中实际应用到的一些技巧、方法、流程等。美术知识是理论上的指导思想，技术知识是实际应用的方法。两者有不同点，但也有相似点，相似点是为了达到一个相同的目标，即为完成一幅完美的画面而努力。两者是一种互相补充完善的关系，理论指导实践，应用相关技术、技法、流程来完成任务。

汽车彩绘烤漆技术不只是单纯的绘画艺术，它还有着与绘画不同的表现风格和制作手法、流程、技巧、技法等。制作过程极为重要，有着比较固定的制作流程，遵循着每一步骤。上色的手法也与传统的绘画有很大差别，缺少某一环节都是做不出好作品的。只具备基础的美术理论是远远不够的，很多的技法、技术、流程都是需要熟练掌握的。

汽车彩绘是一种艺术表达形式，也是一门技术。好的技术加上好的指导理论和彩绘画师的创作思维能力，就能成功地制作出一幅优秀的彩绘作品。

技术水平的高低决定着作品画面的好坏，它是靠长期专业训练出来的，也是熟练技艺的过程。

学习彩绘的第一个技术性问题就是喷笔的使用，首先是拿喷笔的姿势，然后是喷笔的使用，如出气量调节、出油量调节，还有喷绘过程中产生的一些技巧：如何喷绘均匀、如何喷过渡色、如何掌握虚实效果、如何控制线的粗细、如何使线条流畅自然等。

喷笔的使用在汽车彩绘过程中是非常重要的，彩绘的画面大多数靠喷笔来完成，不会使用喷笔或使用的不熟练都会影响到彩绘的画面效果。

喷笔是一个媒介，它把彩绘画师的想法通过喷笔完全或部分的表达在画面上，并协调画面的效果。

熟练的使用喷笔是彩绘制作的前提条件，喷笔在一个成功的彩绘画师手中已经完全代替了画笔，只有这样才能达到喷笔与画者的沟通和交融。

二 喷笔的使用方法和技巧

喷笔的使用方法和手感与普通的画笔是有很大区别的。喷笔是用气压推动的，使颜料从喷笔前端的喷嘴喷出来，可调节扇面的大小、粗细等。

使用喷笔进行工作真的很方便，很多以前用画笔很难达到的效果在使用喷笔后就能轻松地完成，如进行发丝的刻画、光的效果、云彩效果、背景的渐变效果等，使用喷笔会很容易完成。

喷笔的最大特点是可以轻松地控制喷绘的面积大小、颜色的轻重、色彩的渐变层次，小到可以喷出发丝一样的细线，并可调节细线的轻重浓淡；大到可以喷绘出很大面积的渐变色彩，并可以自由控制虚实和面积大小。

（1）基本使用方法　喷笔的控制原理很简单，但要控制的随心所欲就比较困难了。首先拿笔的手臂要自然放松，运动时要大臂带动小臂，小臂带动手腕，这样形成一个关节运动，绘制出来的线条流畅、自然。

还有许多因素影响画面的效果，在喷笔喷嘴与画面的距离不变和出油量不变的情况下，可以调节喷笔的气压阀，气压越大，在同等的时间内喷绘出的颜料越多、面积越大；气压越小，在同等的时间内喷绘出的颜料越少、面积越小。

在喷笔气压和出油量不变的情况下，在同等的时间内，距离画面越近，喷绘在画面上的颜料就越多，但喷绘的面积就相对越小；距离画面越远，喷绘在画面上的颜料就越少，但喷绘的面积就相对越大。

在距离和气压不变的情况下，可以自由地控制出油量的大小，用拇指把控制阀门向后扳动，扳动的幅度越大，喷到画面的颜料就越多且面积越大。

彩绘画师可以通过调节距离的远近来控制喷笔喷绘出的点、线、面效果，还可以通过调节气压和出油量来完成各种复杂图案效果的绘制。这3种控制喷笔的方法互相配合，也是喷笔最基本的使用控制方法。

（2）线的绘制　彩绘中的线条要求流畅、自然、飘逸，这要求彩绘画师要有很扎实的基本功训练。线条的特点是两端虚、中间实，这要求在绘制过程中入笔时喷笔由远及近的接近画面，运动时在未接近画面时先给气，在快要接近画面时缓缓向后扳动阀门给颜料，使出油量由少及多，在接近画面时，也就是在喷绘到线段中间时，颜料给的最多，距离画面也最近。然后是缓缓离开画面，同时油量给的越来越少，慢慢放开给油的阀门，但气压要一直给着，直到离开画面后，颜料不给了再放开气压阀不给气了，就是先收油、后收气。

看似简单的一条线，其实里面有着很深的内涵和严格的绘制手法，这就是技术。技术是要严格遵循的，也是要靠长期经验积累出来的。一般进行线的练习时，喷笔离画面的距离是2~3cm。

(3) 光效的喷绘　光线的绘制相对喷绘线条要离开画面更远一些，最主要的是控制出油量和距离。

光是没有清晰边缘的，其边缘是模糊的，光是有方向性的，这就是光线的效果。光顺着一个方向照射出去，要求喷笔离开画面一定的距离，先给气，再给油，在出油量和气压不变的情况下，主要是距离的远近决定光线的效果，相对合适的距离可以喷绘出很形象的光线效果，这个距离相对于喷绘线条要远很多。

(4) 颜色渐变的喷绘　色彩的渐变效果也是喷笔绘画的一大特色，因为用普通的画笔很难表现均匀的色彩渐变效果。渐变效果的绘制是这样的，以一条线段或一个方向作为基点，保持出油量不变的情况下，向一个方向均匀喷绘，注意每喷绘一笔要与前一笔喷绘的画面衔接融洽，后一笔要比前一笔喷绘时距离画面远，这样就造成画面内距离画面近的地方颜色较重、色彩浓艳，距离画面远的地方，颜色越来越淡和变浅。

三　颜料的调配和应用特点

汽车彩绘所使用的颜料可分为两种：一种是水性颜料，如丙烯颜料和水性汽车漆，后者很昂贵且不常用；另一种是常见的单组分的快干汽车漆，颜色非常丰富。

常见的水性漆就是绘画上使用的丙烯颜料，由丙烯酸组成。因为它比较方便调节，用水可以直接稀释，喷绘到画面瞬间就会干透，而且颜料表面干透后不怕水，还能起到防水作用。丙烯颜料在绘画历史当中被广泛使用，历史悠久，丙烯画表面处理的好可以维持几百年而不变色。丙烯颜料与水调节的比例是1∶3，与水调节均匀，并用过滤网过滤一下，使颜料无杂质、更细腻，这样使用起来不会因为有杂质而堵塞喷笔的喷嘴。

丙烯颜料是一种绘制汽车彩绘很好的颜料，由于以前应用在传统绘画方面，所以制作工艺要求很高，研磨的更细腻，色彩艳丽持久，一般国内应用的品牌，如玛丽牌、温莎牛顿、青竹牌系列都是非常不错的。丙烯颜料干后不怕水是它的一个最大特点，另一个特点是它可以牢固地附着在任何光滑可附着颜料的表面，包括金属、塑料、木制品、陶瓷、普通墙面等，可绘制的材质非常广泛，可绘制汽车彩绘、吉它钢琴彩绘、家具彩绘、墙体装饰彩绘、陶瓷浴盆彩绘、电脑机箱彩绘等，而且不会与材质起任何排斥反应，不会起皮、不会褪色、不会开裂，表面如果有了灰尘可以用水清洗。

丙烯颜料无毒无味，是一种比较环保的颜料，特别是在任何事物都强调环保的今天，丙烯颜料更是最佳的选择。由于大面积喷涂的时候都会产生粉尘，所以在绘制过程中都要求佩戴防尘面具以保护自己。由于丙烯颜料环保无毒的特性，所以更适合女孩子学习使用。

另一种就是使用频繁的快干汽车漆。汽车漆的色系非常丰富，有各种各样的颜色，而且配色调漆技术也非常成熟，汽车漆与车体之间衔接的更牢固，其细腻、润

滑、颜色饱满、色谱丰富，更适合喷笔绘制彩绘。汽车漆需用稀释剂清洗，清洗容易，不易堵塞喷笔。由于汽车漆加入了树脂，使漆质更润滑，喷出的线条更柔顺，颜料细腻透明，就这一方面，汽车漆是汽车彩绘的最佳选择，但由于汽车漆不环保，有一定的毒害，味道比较浓重，粉尘大，如果长时间吸入会严重伤害身体，所以施工时一定要戴好防毒防尘面具加以保护。建议女孩子尽量不要使用汽车漆进行彩绘绘制，而是使用丙烯颜料比较适合。汽车漆、固化剂、稀料调和比例为6:3:1。

四 形体模板的应用技巧

模板在汽车彩绘中是经常用到的，也就是说模板在汽车彩绘制作中是必不可少的，但也不是说任何图案都是需要模板的，只有形体明确或需要绘制比较写实效果的图案时才必须应用模板。

如何判断在什么情况下需要应用什么样的模板呢？模板作为一种辅助造型的工具分为以下几种形式。

1）硬模板，是用硬纸板（卡纸）制作的模板形式，可以刻画形体比较清晰的图案，如写实人物的脸型、手的轮廓、方方正正的形体边缘等，还有近景中靠前的主体形象。一般写实风格的图案，特别是画面中主体的形象，轮廓线本身就非常清晰的，还有前后关系明确、明暗分明、界限分明的部分都需要借用硬模板的形式。

2）软模板，也叫描线透稿的模板形式，它不需要借用卡纸或其他的实质性媒介，而是利用复写纸把图案形体轮廓和结构线直接描绘在车身上，在车身上直接可以体现出形体线条，然后利用喷笔喷绘线条来绘制出图案。

3）适量模板形式，是利用刻绘机把图案形体线以适量封闭线的形式刻绘在不干胶纸上，在不干胶纸上形成可以镂空的图案。这种模板多应用在喷绘一些卡通图案、字体、标志、适量图文、边缘清晰的线条等。

还有一些图案是不需要模板辅助的，是凭彩绘画师即兴发挥的，也是彩绘画师经验积累到一定程度可以凭借自己的经验感觉绘制出来的理想图案。如写实的发丝效果、光线的效果，就没有办法借用模板来完成，只能考验彩绘画师的技术高低了，还有云彩的绘制也是不需要模板的，一些渐变的背景色，以及一些没有明确轮廓的形体如远景的树枝、山峦和在视觉上模糊的影像等。

五 彩绘中上色流程和技巧

汽车彩绘绘制过程中的上色流程是与普通的绘画上色完全不一样的，如渐变色。普通绘画方法是调和不同色阶的颜色反复涂抹、由浅及深或由深及浅，或由一种颜色到另一种颜色，这个过程需要调和几种颜色进行涂抹，很复杂且有笔痕不易均匀。而利用喷笔进行喷绘就非常方便，只需要调和两三种颜色即可喷绘出色彩丰富、渐变均匀的效果。

（1）色彩分解在彩绘过程中的作用　常见的绘画流程是把两种或几种颜色调

和成一种需要的色彩涂抹在画面上，但这样的色彩在彩绘画面中应用就会出现色彩死板和色彩不丰富的效果，而使用喷笔可以达到普通绘画方法所达不到的更好效果。色彩分解就是把一种颜色分出两种或三种颜色进行层叠喷绘，先喷第一层颜色，再叠加喷绘第二种颜色，这样当第一种颜色遇到第二种颜色就会变成画面所需要的颜色，这种颜色在视觉上叫色彩分解，它的好处是色彩显得丰富、透彻。如喷绘绿色，可以先喷绘一层蓝色，再喷绘一层黄色，这样使两种颜色叠加在一起就变成绿色了，这样的颜色里既能体现出绿色，又能透彻出蓝色和黄色，色彩就变得非常丰富和透视。

彩绘的上色过程中可以大胆地使用这种方法进行绘制图案，这也是喷绘绘画与普通绘画方法的最大区别。色彩分解在国外被广泛地应用到彩绘的绘制当中，所得到的效果是普通绘画方法无法比拟的。

（2）色彩染色技巧　色彩上色过程在彩绘中还有一个很重要的技巧是涉及色彩的薄厚和覆盖的性质。任何颜色都是以白色为基底的，只有把色彩喷涂在白色质地上才能显现出色彩的本色。当在已经画好底色的背景上绘制其他颜色时，是不能直接在背景上喷绘的，这样是画不上的，因为彩绘的颜色除了白色和黑色外，其他颜色是半透明的，两种颜色叠加在一起会变成其他颜色，不能达到预期的效果。如在深蓝色的背景上喷绘浅绿色的线条，是不能用浅绿色直接在背景上喷绘的，应用白色先在背景上喷绘出白色线条，再把白色的线条染成浅绿色，就是在白色上薄薄的喷绘上绿颜色，这样原来的白色就会变成需要的颜色了。这也是与普通绘画方法不同的地方。因为彩绘的色彩覆盖力不强，大部分是半透明颜色，这也与喷绘有关，如果喷绘出的颜色非常薄，也会导致覆盖力不强，这也是彩绘中需要注意的地方。

六　不同的图案采用不同的绘制方法

彩绘所涉及的图案种类非常广泛，那么每种图案不可能都使用同一种方法来完成，同一类别的图案可能会有相同的绘制流程和方法。很多的流程都比较固定，因为喷笔彩绘是一门技术和工艺，要严格的按照每一步骤才能绘制出好的效果。

下面就总结一下汽车彩绘所涉及的几类常用的绘制流程和技巧。

喷笔彩绘的流程与普通绘画的流程是有很大的不同的，但所应用到的美术基础理论都是相同的，所要最后呈现的效果也是相同的，即目的性一致，但方法有别。

以一幅风景画面为例，普通的绘画方法是用画笔先画出大的轮廓和大的底色，画面中的前后物体和各部分会同时渐进完成，也就是说画面各部分会同步进行，强调整体步骤。

但用喷笔制作彩绘的步骤和流程可以有几种方案来完成，比如可以先画后面的背景，然后再画前面的物体；如果前面的物体形体轮廓很清晰，那么就需要用模板把背景画完的部分遮挡起来，再画前面的物体。也可以先画前面的物体，然后用模

板把前面画好的物体遮挡起来再画后面背景部分。

彩绘中很多刚画好的物体都是要用模板遮挡起来再画另一部分的，因为喷笔喷出来的颜色是雾状的有粉尘，会影响其他没有遮挡的部分。

在彩绘绘制当中可能会有画错的部分，这是正常不可避免的。在普通的绘画方法中如果出现画错的情况只要用画笔和颜料涂抹画错的地方修改就可以了，但在彩绘中就不是这么简单了，因为彩绘的画面是不能出现笔痕的，但喷笔修改要注意的是喷笔喷绘出的颜料是散射和雾状的，修改中一不小心就会影响周围部分的画面效果，所以不要用喷笔直接喷涂修改画面，很多部分是需要用模板遮挡好后再用喷笔修改的。修改时要注意的是如果是重新画起，就要先用白色或其他覆盖力较强的颜色把画错的地方覆盖掉，而不是用原来的颜色来覆盖，一般是用白色覆盖再喷涂其他的颜色，这是个很关键的一步。然后再在白色的底上喷涂其他需要的颜色，这样色彩才能不变。

在彩绘当中如果是在原来的背景上描绘其他的颜色，一定要在需要描绘的地方用白色先喷绘出形体来，再把白色部分形体喷绘成需要的颜色，也就是给白色再上色。如果直接用颜色在背景色上喷绘是会出现颜色变色的，比如不能直接用红色在蓝背景上喷绘图案。因为当红色遇到暗色会变成灰黑色的，并不呈现红色，只有先用白色喷绘，再给白色部分上色，也就是把白色染成红色，这样红色的色彩才显得纯正。

上色的原理在彩绘中是经常用到的，这也是喷笔彩绘与普通绘画方法的不同之处。方法不同，使用的工具不同，所要达到的目的相同，但采用了不同的方法和捷径，就可能会产生不同的画面效果。喷笔彩绘所达到的画面效果要比普通绘画画面效果更真实，色彩更艳丽，过渡更均匀，由于使用喷笔绘画使很多效果更容易表现，这也大大缩短了绘画的时间和减少了环节，使画面特效更容易表现。

第三章

汽车彩绘设备及维护

　　汽车彩绘所使用的设备主要是喷笔、喷枪、空气压缩机、连接的气管和接头以及制作模板的刻刀、刻板、胶带、直尺等，还有必备的电脑和家用打印机等。制作彩绘的设备并不繁琐，只要掌握了恰当的使用方法就能得心应手了。

　　没有完善的设备，再过硬的技术也是无法施展出来的。汽车彩绘技术大多数是应用喷笔来作画的，那么喷笔在彩绘中就是一个重要的不可缺少的工具。学习彩绘技术要先了解喷笔，学会如何使用喷笔。

　　但只有喷笔又是远远不够的，在喷笔的后面还要有一个产生气压的空气压缩机以及一根连接空气压缩机和喷笔的输送气压软管，并通过接头把软管、喷笔和空气压缩机连接起来。源源不断的气压推动喷笔，把喷笔中的颜料挤压出来，颜料是以圆形扇面形式喷出，通过距离远近、气压大小和控制喷嘴排量来调节颜料扇面大小，进行喷绘图案。

　　设备的维护也是非常重要的，就像自己的爱车一样，要定期去做保养。特别是喷笔每次用完都要清洗干净，甚至每个零件都要拆开来清洗。空气压缩机要定期检查气压阀、润滑油和定期放出储气罐中的水分。

 喷笔

1. 喷笔的作业

　　喷笔是一种精密仪器，能绘制出十分细致的线条和产生柔软渐变的效果。喷笔是能令颜料呈雾状喷出以达到均匀上色目的的重要涂装工具。早些年喷笔的作用是帮助摄影师和画家修改画面的，但是很快喷笔的潜在机能被人们所认识，并得到了广泛地应用和发展。喷笔的艺术表现力惟妙惟肖，使物象的刻画尽善尽美，独具一格，明暗层次细腻自然，色彩柔和。随着科学技术的飞速发展，喷笔使用的颜料日趋多样化、专业化，应用的范围越来越广，已涉足一切与美化人们生活相关的领域，作品显见美术厅、汽车彩绘、广告招贴、商业插图、封面设计、广告摄影、挂历、建筑画、综合性绘画等。喷笔技法在一些国家的高等艺术院校作为一门必修课，成为艺术造型中强有力的表现技法。

2. 喷笔的种类

按口径控制调节装置分，喷笔可分为外调式喷笔和内调式喷笔，这直接关系到颜料喷出的口径对色彩喷涂面积和厚度的控制。一般选购外调式喷笔，其口径可以在 0.2~0.3mm 之间做细微的调节，用于制作彩绘，效果较佳。外调式喷笔的口径控制调节装置位于笔杆中央的正上方。还有固定口径的喷笔，其口径大小可分为 0.1mm、0.2mm、0.3mm、0.5mm，口径越小，绘制出的线条就越细，比较常用的口径是 0.2mm、0.3mm。

按颜料壶所在的位置分，喷笔可分为上壶喷笔、侧壶喷笔和下壶喷笔，可根据个人习惯和个人喜好进行选择，但很多时候手感也是很主要的。绘制屋顶的画面时，因为喷笔喷嘴是向上喷绘的，所以采用侧壶可旋转的喷笔是最适合的。下壶喷笔在更换颜色时比较方便，可以把调和好的颜色放在颜料壶里，需要什么颜色时，只要更换颜料壶就可以了，这种喷笔比较适合绘制颜色丰富的画面。上壶喷笔只有一个颜料壶，比较固定，清洗容易，只要把颜料放在颜料壶里即可喷绘，属于常用型喷笔。

3. 喷笔的结构

主体钢针位于喷笔内部的主轴。尖端部分直接控制喷笔的口径和方向调整，在清洗时一定要千万小心，注意不能损坏头部。主体钢针一旦损坏，整支喷笔也就报废了。

口径排量调节旋钮位于喷笔的末端。通过调节这个旋钮，可以控制前端颜料喷出的排量，以控制颜料喷在对象表面的厚度。

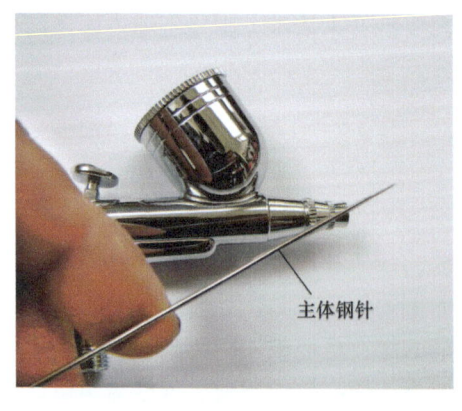

喷嘴位于喷笔的前端，注意时常保持清洁。

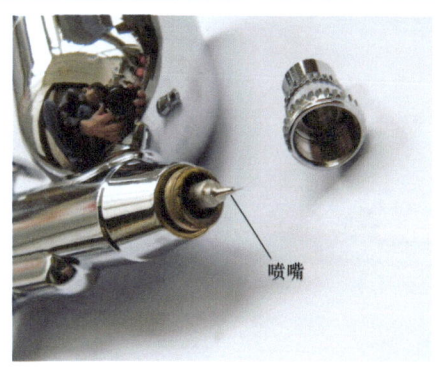

喷嘴

用洗涤液清洗

4. 喷笔的清洗

喷笔在使用过程中需要经常清洗，这是很必要的一项工作，而且清洗时要认真仔细，否则会直接影响到喷笔的使用寿命。在每次更换颜料后，需对喷笔进行简单清洗。当一种颜料用完后，必须把颜料壶中余留的颜料倒入回收瓶里，喷笔内残留的颜料必须喷到一块抹布上直到喷笔里没有颜料残留。在完成一项绘制任务后，一定要把喷笔进行一次彻底的清洗，最好把喷笔各部件拆开单独清洗，把残存的颜料都彻底清理干净。

如果使用水性颜料绘制彩绘，是用清水清洗的，这样比较方便和环保，并可降低清洗成本，且无毒、无害，不伤害皮肤。

如果使用汽车漆即油性颜料绘制彩绘，就需要使用稀释溶剂清洗，它可以清洗几个月没有更换的部件。部分稀释溶剂（比如香蕉水）容易快速渗入皮肤，用完后建议洗手消毒。

稀释溶剂也可以用清水掺合洗涤液来代替。清洗时堵住喷嘴，颜料壶里就会"咕噜噜"冒泡，直到没有颜色泛上来为止。再喷看，应该没有颜料喷出来。

也可以将喷笔放进稀释溶剂里，一边喷一边洗，注意这时空气压缩机要开着，一般来说，若是时常使用喷笔，也可以采用这种清洗方式，整个清洗过程只需2min。

若是准备长时间放置，那就要拆开来，彻底清洗干净。洗主轴时，可以用里面的主体钢针通一下。洗完后组装起来，并检查一下是否有零件漏装，然后将喷笔擦干后收起来。

喷笔放入稀释溶剂清洗

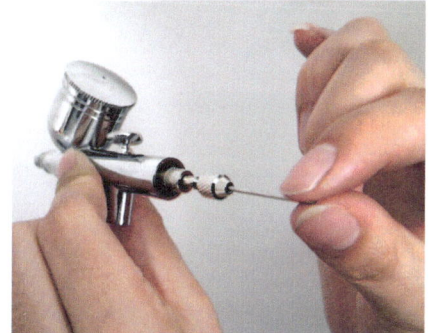

清洗主轴

喷笔的解剖图和组装可参考下图进行。

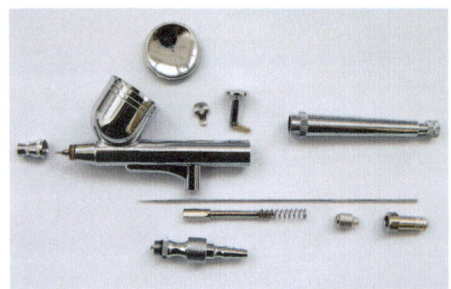
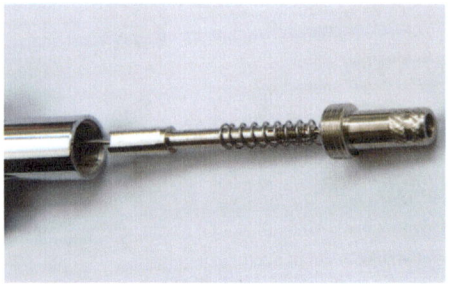
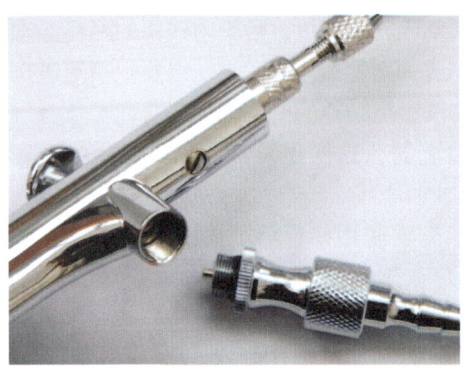

5. 喷笔的优点

与上色笔相比，喷笔可以更均匀地喷涂颜料，更好地控制颜料的厚度以表现色彩轻重、明暗等细微差别，易于大面积喷色而不产生色差；与彩色喷罐相比，不再是单调的一种颜色，可以自由地根据自己的喜好和需要，任意调和出各种颜色。

6. 喷笔的选择

一支好的喷笔不是按价格来定的，一般以容易清洗的不锈钢喷笔为好。如叶红HD-130，是较便宜而且质量不错的喷笔。

二 喷枪

喷枪是用压缩空气使颜料雾化成细小漆滴，在气流带动下喷涂到被涂物表面的喷涂工具。

喷枪由喷头、喷嘴和针阀3部分组成。

喷枪分为吸上式喷枪、重力式喷枪和压送式喷枪。前两者为虹吸供漆，气流在喷嘴端面产生低压，将颜料抽吸到喷嘴处雾化喷出。吸上式的颜料壶位于喷嘴下方，重力式的颜料壶位于喷嘴上方。当颜料黏稠或需连续喷涂大面积时，则用压力输漆罐自动给喷枪输送颜料，即压送式喷枪。

空气喷枪施工广泛用于涂装行业，效率比刷涂高5～10倍，涂膜细致、光滑、美观，一般面漆均采用空气喷枪达到装饰性目的。

缺点是涂料的消耗量大，不经济，挥发的溶剂量多，对环境带来污染。

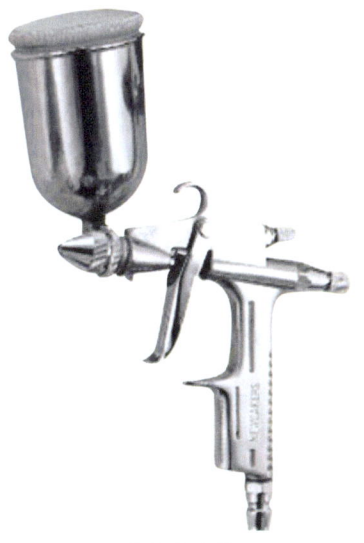

重力式喷枪

上吸式喷枪

重力式喷枪

三 空气压缩机

没有气压，喷笔是不会自动喷出颜料的，需要气压去推动它，这个能源源不断提供气压的设备就是气泵，也叫空气压缩机。

空气压缩机（air compressor）是气源装置的主体，它是将原动机（通常是电动机）的机械能转换成气体压力能的装置，是压缩空气的气压发生装置。

空气压缩机作为一种重要的能源产生形式，被广泛应用于生活、生产的各个环节。尤其是双螺杆式的空气压缩机被广泛应用于机械、冶金、电子电力、医药、包装、化工、食品、采矿、纺织和交通等众多工业领域，成为压缩空气的主流产品空压机。

由于喷枪这种具有革命性的绘画工具的产生，空气压缩机也被广泛地应用到喷笔绘画中，汽车彩绘的绘制更是不可缺少地应用空气压缩机去推动喷笔进行喷绘。

1. 空气压缩机的分类

空气压缩机的种类很多，按工作原理可分为容积式、往复式、离心式。容积式压缩机的工作原理是压缩气体的体积，使单位体积内气体分子的密度增加以提高压缩空气的压力；离心式压缩机的工作原理是提高气体分子的运动速度，使气体分子具有的动能转化为气体的压力能，从而提高压缩空气的压力。往复式压缩机（也称活塞式压缩机）的工作原理是直接压缩气体，当气体达到一定压力后排出。

按压缩方式可分为动力式和容积式。

现在常用的空气压缩机有活塞式空气压缩机、螺杆式空气压缩机（又分为双螺杆式空气压缩机和单螺杆式空气压缩机）、离心式空气压缩机以及滑片式空气压缩机、涡轮式空气压缩机。

空气具有可压缩性，经空气压缩机做机械运动使本身体积缩小，压力提高后的空气称为压缩空气。它是一种重要的动力源，有着无污染，清晰透明，输送方便，无害，易燃性小，不怕超负荷等显著的特点。

（1）活塞式空气压缩机的工作原理　活塞式空气压缩机属于最早的压缩机设计之一，但它仍然是最通用和非常高效的一种压缩机。活塞式空气压缩机通过连杆和曲轴使活塞在气缸内向前运动。如果只用活塞的一侧进行压缩，则称为单动式。如果活塞的上、下两侧都用，则称为双动式。

活塞式空气压缩机的用途非常广泛，几乎没有任何限制。它可以压缩空气，也可以压缩其他气体，几乎不需要作任何改动。活塞式压缩机是唯一一种能够将空气和其他气体压缩至高压，以适合诸如呼吸空气等用途的设计。

活塞式空气压缩机的配置可包括从适用于低压/小容量用途的单缸配置，到能压缩至非常高压力的多级配置。在多级压缩机中，空气被分级压缩，逐级增大压力。

活塞式空气压缩机一般以排气压力、排气量（容积流量）、结构形式和结构特点进行分类。

1）按排气压力高低分

① 低压空气压缩机：排气压力≤1.0MPa。

② 中压空气压缩机：1.0MPa＜排气压力≤10MPa。

③ 高压空气压缩机：10MPa＜排气压力≤100MPa。

2）接排气量大小分

① 小型空气压缩机：$1m^3/min$＜排气量≤$10m^3/min$。

② 中型空气压缩机：$10m^3/min$＜排气量≤$100m^3/min$。

③ 大型空气压缩机：排气量＞$100m^3/min$。

空气压缩机的排气量指吸入状态自由气体流量。

一般规定轴功率小于15kW、排气压力低于1.4MPa为微型空气压缩机。

3）按结构形式分

① 立式空气压缩机：气缸中心线与地面垂直布置。

② 角度式空气压缩机：气缸中心线与地面成一定角度（V形、W形、L形等）。

③ 卧式空气压缩机：气缸中心线与地面平行，气缸布置在曲轴一侧。

④ 对动平衡式空气压缩机：气缸中心线与地面平行，气缸对称布置在曲轴两侧。

4）按结构特点分

① 单作用式空气压缩机：气体仅在活塞一侧被压缩。

② 双作用式空气压缩机：气体在活塞两侧被压缩。

③ 水冷式空气压缩机：气缸带有冷却水夹套，通水冷却。

④ 风冷式空气压缩机：气缸外表面铸有散热片，空气冷却。

⑤ 固定式空气压缩机：空气压缩机组固定在地基上。

⑥ 移动式空气压缩机：空气压缩机组置于移动装置上便于搬移。

⑦ 有油润滑式空气压缩机：气缸内注油润滑，运动机构由润滑油循环润滑。

⑧ 无油润滑式空气压缩机：气缸内不注油润滑，活塞和气缸为干运转，但传动机构由润滑油循环润滑。

⑨ 全无油润滑式空气压缩机：气缸内传动机构均无油润滑。

（2）螺杆式空气压缩机的工作原理

1）螺杆式空气压缩机的概述。螺杆式空气压缩机是喷油单级双螺杆压缩机，采用高效带轮（或联轴器）传动，带动主机转动进行空气压缩，通过喷油对主机压缩腔进行冷却和润滑，压缩腔排出的空气和油混合气体经过粗、精两道分离，将压缩空气中的油分离出来，最后得到洁净的压缩空气。

双螺杆空气压缩机具有优良的可靠性能，机组质量轻、振动小、噪声低、操作方便、易损件少、运行效率高是其最大的优点。

2）压缩机主机工作原理。螺杆式空气压缩机的核心部件是压缩机主机，是容积式压缩机中的一种，空气的压缩是靠装置于机壳内互相平行啮合的阴阳转子的齿槽之容积变化而达到的。转子副在与它精密配合的机壳内转动，使转子齿槽之间的气体不断地产生周期性的容积变化而沿着转子轴线，由吸入侧推向排出侧，完成吸入、压缩、排气3个工作过程。因此，双螺杆转子的型线技术决定着螺杆式空气压缩机产品定位的档次。

3）双螺杆式空气压缩机的工作流程。空气通过进气过滤器将大气中的灰尘或杂质滤除后，由进气控制阀进入压缩机主机，在压缩过程中与喷入的冷却润滑油混合，经压缩后的混合气体从压缩腔排入油气分离罐，此时压缩排出的含油气体通过碰撞、拦截、重力作用，绝大部分的油介质被分离下来，然后进入油气精分离器进行二次分离，得到含油量很少的压缩空气，当空气被压缩到规定的压力值时，最小压力阀开启，排出压缩空气到冷却器进行冷却，最后送入使用系统。

2. 空气压缩机的选择

根据空气压缩机的用途又可分为民用和工业用的空气压缩机。民用空气压缩机体积小，压力适中并可根据需要进行调节，在汽车彩绘绘制中被广泛应用。

一般情况下，只要有足够的气压和可持续性输送压力，喷枪就会工作。通常喷枪的工作压力是6~8MPa就足够了，喷笔的气压在4~6MPa之间就可以了。压力不可过大，过大会出现出气量过大，影响画面绘制；压力过小会导致颜料无法正常喷出。

汽车彩绘所使用的空气压缩机一般是活塞式的，也是在日常工作中常见的类型。在汽车装饰店、修理厂等都是采用这种类型的空气压缩机。

如果是自用，为了方便携带和移动也可以考虑容积小一点的空气压缩机。这种自用的空气压缩机的技术参数如下。

店（T）内常用的空气压缩机

便携的空气压缩机

排气压力：0.8MPa。
容积流量：0.10m³/min。
储气罐容积：30L。
功率：1.5kW。
电源：220V/50Hz。
电流：7.5A。
质量：23kg。
外形尺寸：645mm×375mm×645mm。

静音空气压缩机

如果是在家里或居民区内，只是自己练习时用，可以选择静音空气压缩机，这样噪声小，不会扰民。这种练习用的空气压缩机的技术参数如下。

公称容积流量：202L/min。
额定排气压力：0.7MPa。
转速：1440r/min。
匹配功率：1100W。
整机质量：35.5kg。
外表尺寸：710mm×400mm×690mm。

连接空气压缩机和喷笔的接头

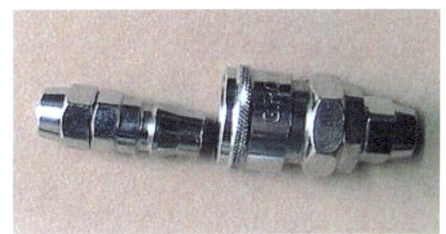

空气压缩机与喷笔之间由气管相连一般喷笔连接的是6mm口径的气管，而从空气压缩机出来的一般是8mm的，所以中间可以用8mm转换6mm的接头把两种管子连接起来。

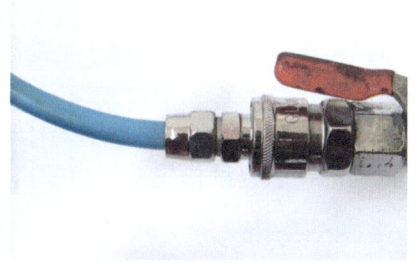
空气压缩机接头

气管

连接喷笔的软管接头是喷笔自带的。

3. 空气压缩机的维护

1）大功率活塞空气压缩机，发热厉害，活塞缸体的清洁不容忽视，要勤清洁。

转换接头

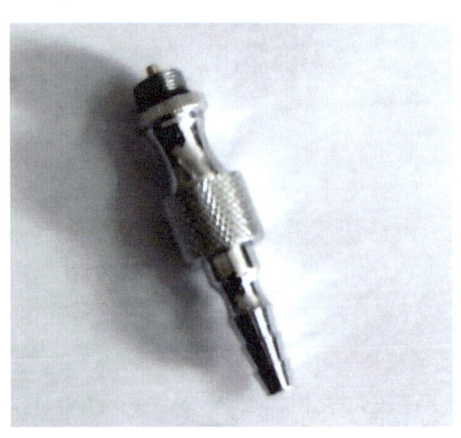

喷笔软管接头

2）一般没有干燥机，储气罐水阀放水最好每天 3 次以上。这种空气压缩机出口一定要加装质量好的三联件，过滤油雾很重要，质量差会严重影响用气原件。

3）润滑油根据情况，1500h 或 2000h 更换一次为宜，润滑质量好，缸体和活塞环工作状况才会良好。

接好气管的喷笔

4）空气滤芯根据压缩效率（除活塞环、进气门引起的）、发热量适时更换，天气湿或周围环境脏要勤清洁或更换。

5）传动带即时张紧或更换。

6）安全阀定时检查（每周或每半月活动一次）。

四 其他设备

汽车彩绘制作所涉及的工具还有电脑、打印机和刻绘机等，都是属于辅助制作工具，制作模板的工具有刻刀、刻板、胶带、模板纸、绘图笔等。

电脑的配置无需太高，可以完成一般的平面设计和打印任务就可以了。打印机最基本的是 4 色彩色喷墨打印机，推荐爱普生系列的，装连续供墨系统比较经济。纸张要求用一般的打印纸和相片纸就可以了。

第四章

汽车彩绘完整过程

第一节 与客户沟通

汽车彩绘所体现的是客户个性化的需求,那么彩绘的设计内容就离不开客户的参与,客户的意见直接决定了彩绘的画面内容;在彩绘前期的设计当中要时常与客户沟通,只有这样彩绘工作才能顺利实施。

一 收集图片

设计师会根据客户的要求进行图片素材的收集和整理,比如客户喜欢什么类型的图案,或想在彩绘中体现什么内涵,还有客户的性别、属相、年龄、爱好、习惯等都应考虑进去作为图片的参考依据。

收集图片可以在互联网上寻找,因为网络资源非常丰富,可以去一些设计类和壁纸类的网站进行寻找;还可以去现实生活中的书店或买些相关的杂志等,收集图片的途径很多,但以方便、效率高为先。

二 选图

根据客户要求把图案选好后,就要与客户沟通一下,让客户从收集的图案中选择符合自己的图案,以方便进入下一步设计。这时客户会提出一些具体的要求,设计师也可以说出自己的设计思路,两者意见结合,最后选定一两种比较合适的图案风格进行设计。

三 设计

选定图案后,设计师就开始具体的设计了,把选好的图案用计算机设计软件贴在车体上,调节适当的大小与位置,或根据实际情况再加入些其他的设计素材等以丰富画面内容,使之更加完美,这就需要设计师发挥自己的创造思维了。

四 看效果图

把设计好的效果图给客户观看，一般设计师会设计出两三幅效果图由客户选择。

五 定稿

客户根据设计师设计出的效果图选择其中最满意的一幅定稿，确定下来后就开始进行彩绘的真正绘制了。

六 Photoshop 效果图设计教程

Photoshop 是设计师常用的图片编辑软件，功能非常强大，但只使用其中部分功能来完成设计任务。首先启动 Photoshop 软件，执行"文件"→"打开"命令，或按下〈Ctrl + O〉快捷键，打开事先用数字照相机拍摄好的车照片。

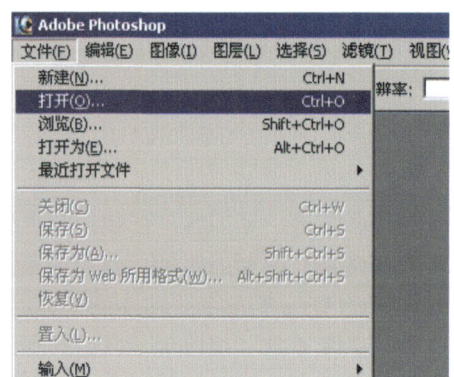 

再次执行"文件"→"打开"命令，打开要绘制在车上的图案。
单击工具面板中"移动"按钮。

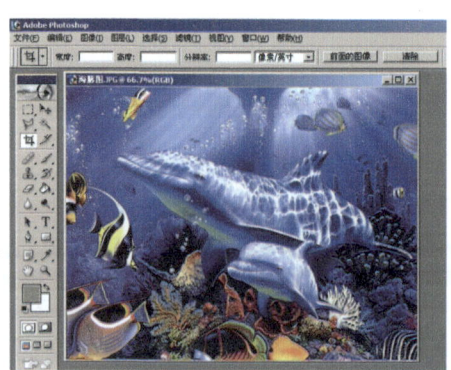 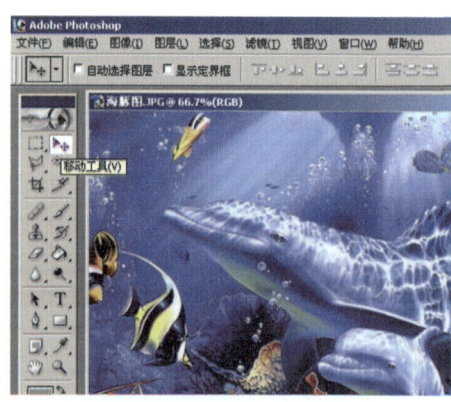

用鼠标拖住图案不放，把要绘制的图层拖拽到车的照片当中。

打开"编辑"下拉菜单，执行"编辑"→"变换"→"斜切"命令。

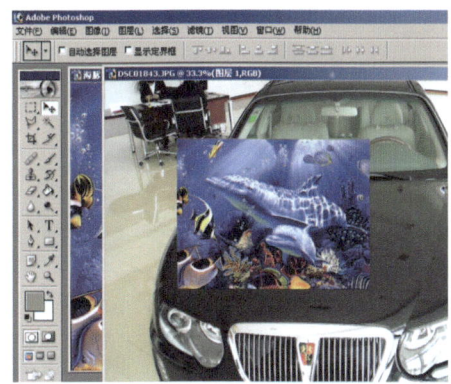 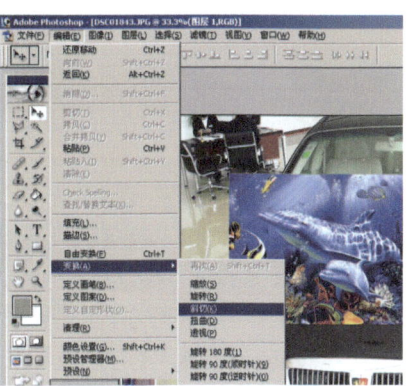

用鼠标拖拽图片的 4 个角，调整到合适的位置和大小，与发动机盖透视图相符。

在"图层"面板中单击"添加蒙板"按钮。

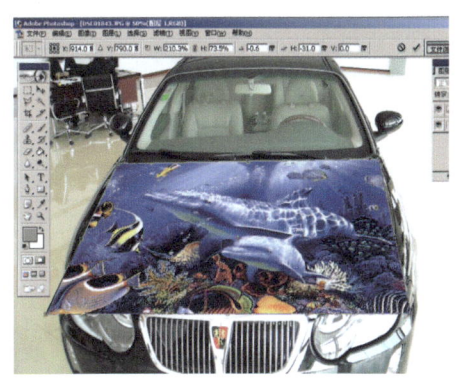 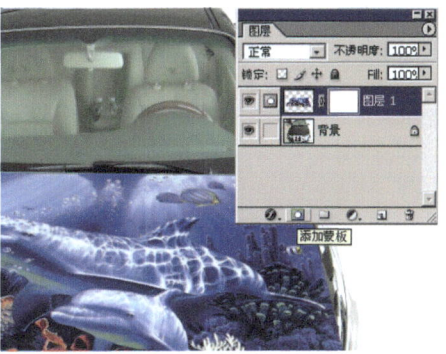

单击工具面板中"橡皮擦"按钮。

调整"橡皮擦"工具的参数大小为主直径 150 像素和不透明度 50%。

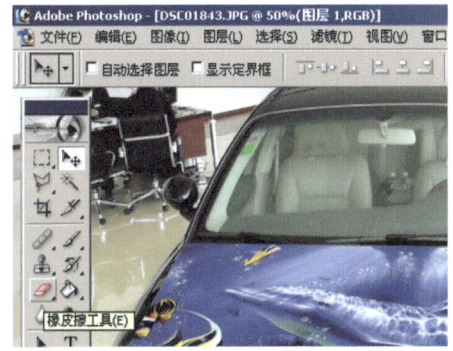 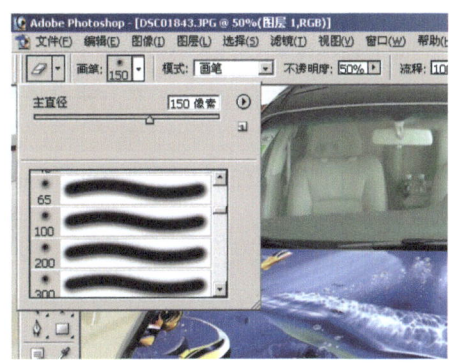

用"橡皮擦"工具擦除图片多余的地方，使之与发动机舱盖大小相符。

 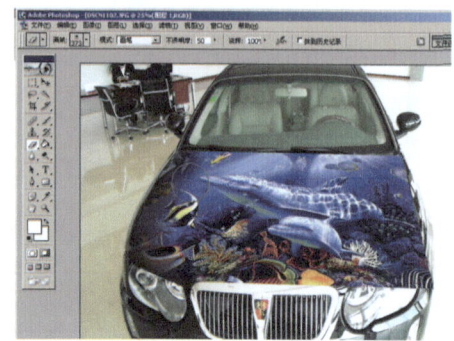

最终得到的效果图。

第二节　前期准备

一　打印图稿

把设计好的效果图打印出两份，一份是绘画时参考的效果图，用 A4 纸打印就可以了；一份是制作模板用的图案，要与实际彩绘画面大小一致。

对于制作模板用的图案可先在设计软件里设置成绘画时的实际大小尺寸，再用软件分割成 A4 纸大小打印出来，然后拼合成一张大图，这是一种经济便利的打印方法；也可以去外面找专业喷绘的地方喷绘一张大图出来，只要事先设定好尺寸就可以了。

发动机舱盖画面的尺寸是宽 130cm、高 100cm，那么要打印的图像也要是同等的尺寸。

启动 Photoshop 软件，执行"文件"→"新建"命令，或按下 <Ctrl + N> 快捷键，打开"新建"对话框。"预置尺寸"选择"自定义"，"宽度"设为 130cm，"高度"设为 100cm，"分辨率"设为 100 像素/cm。

单击"确定"按钮新建图层。

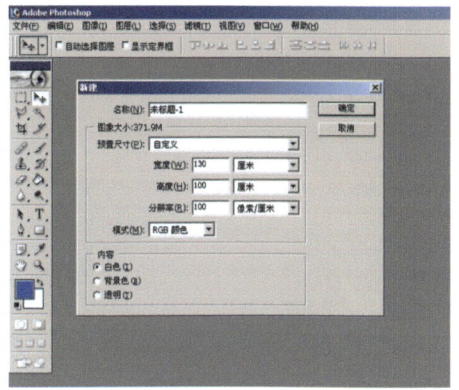

执行"文件"→"打开"命令，弹出"打开"对话框，单击"打开"按钮，打开要画的图像。

单击工具面板上的"移动"按钮。

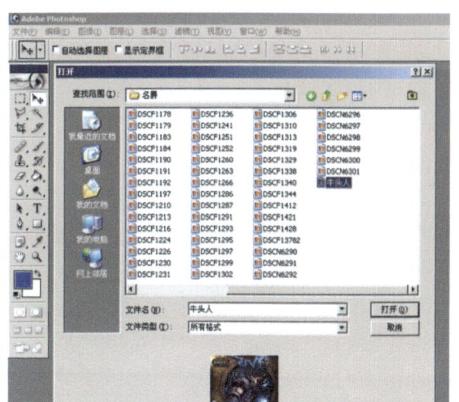
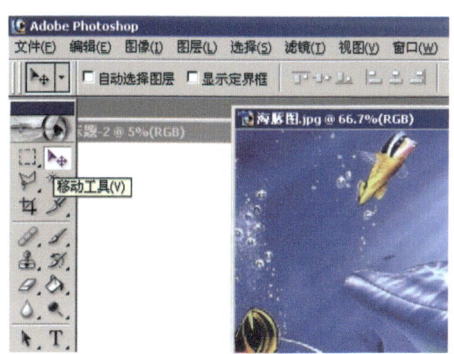

在图案上按住鼠标左键不放，拖拽到前面新建的图层上。

执行"编辑"→"自由变换"命令，或按＜Ctrl＋T＞快捷键。

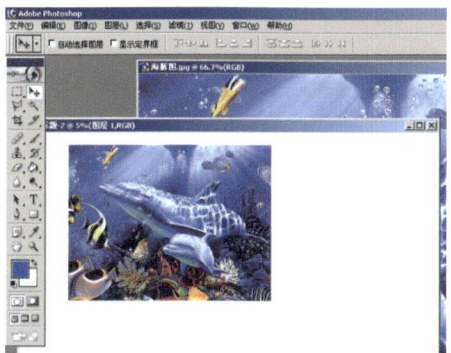

按住鼠标左键拖拽图像4个角，调整图像到合适位置和大小。

下一步是分割图像，执行"视图"→"标尺"命令，或按下＜Ctrl + R＞快捷键。

 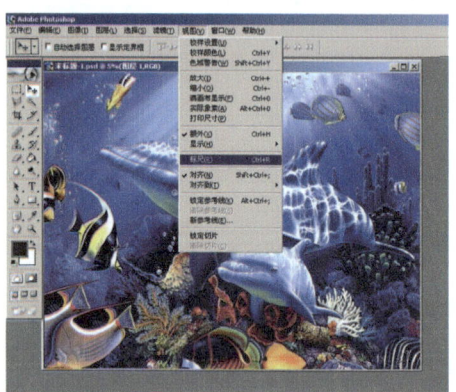

单击工具面板上的"移动"按钮，按住鼠标左键拖住标尺白条处向画面移动就会出现标尺线变成蓝色辅助线。

用辅助线把图像分割成多个A4纸尺寸的方格，一般A4纸尺寸是21cm×29.7cm，分割的尺寸要略小于A4纸尺寸，这样才能完整打印出来。

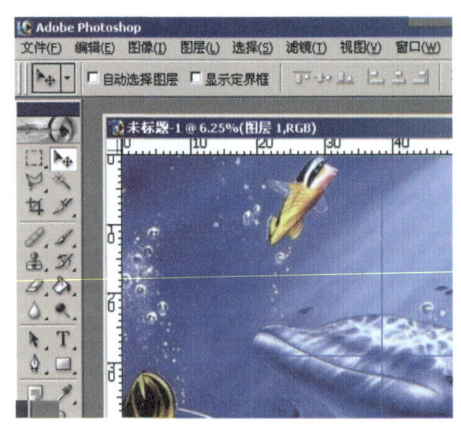 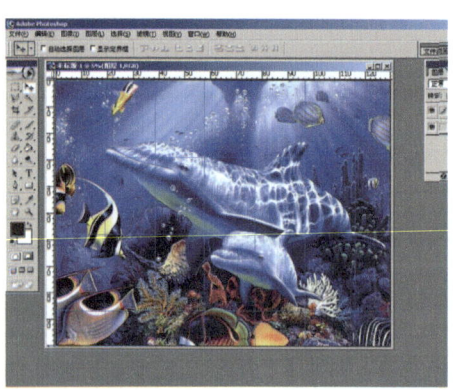

执行"文件"→"新建"命令，弹出"新建"对话框，在"预置尺寸"下拉列表中选择"A4"，并设置图像大小和分辨率，所有分割的图像都按照这张A4纸尺寸打印出来再进行拼接。

单击工具面板上的"矩形选框"工具，框选每个分割的方格内的图像。

框选后，再单击"移动"按钮。

运用"移动"工具拖拽框选好的每个分割图像到A4纸大小的新建图层中。

第四章 汽车彩绘完整过程

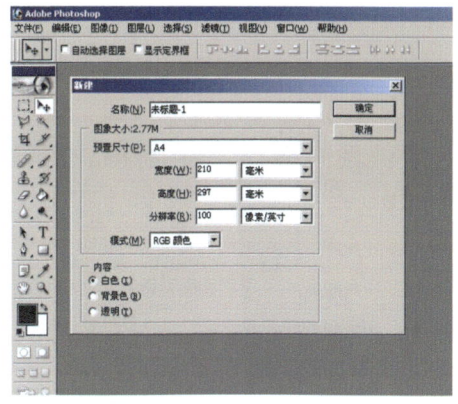

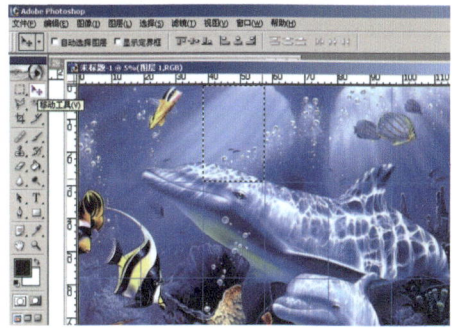
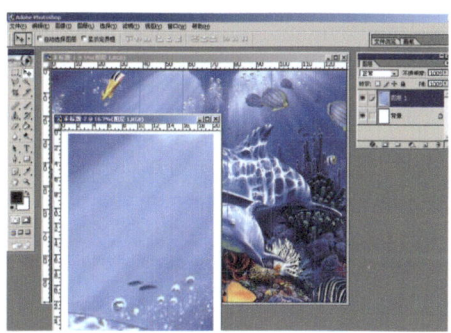

最后,执行"文件"→"打印"命令,或按下＜Alt＋Ctrl＋P＞快捷键进行打印,把其余分割好的图像用这种方式打印出来。

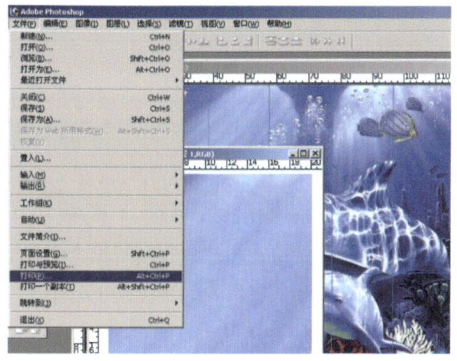

把分割打印出来的图案进行拼合粘贴在一起,就会得出原来在计算机里看到的效果图了,且图的大小是和实际要画的图案一样大的。也就是说绘制在车体上的图案有多大,打印出来的图案就有多大,是等比例缩放的。

53

把每张打印出来的 A4 纸图案的多余边裁掉,再将它们用美纹纸胶带依次粘贴在一起,就组成了一幅完整的图案了。

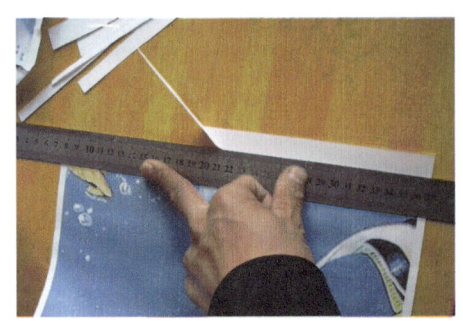

三 透稿制作模板

模板的制作涉及透稿,在中国工笔画绘制之前要进行透稿,即把要画的图案通过玻璃透台用铅笔描绘在宣纸或绢帛上。

彩绘的透稿也是大同小异的,在图样和卡纸(模板纸)之间放上复写纸,图样在上,卡纸在下,在图样上用铅笔描绘图案的形体轮廓线和结构线,这样就通过复写纸在卡纸上留有清晰痕迹了,再用刻纸刀顺着留在卡纸上的痕迹把需要刻绘的形体轮廓线刻开。刻绘时需要注意的是形体轮廓线要清晰、明确、有条理,用刻刀时要有力度,边缘要刻整齐。有些形体轮廓线不要都刻断,以免卡纸都刻开后散掉,刻开的地方可以用胶带粘贴好。

如果是直接在车体上绘制描线,则不需要用卡纸做模板。具体方法如下:先在图样的背面涂上炭精粉,然后用棉花或纸巾把炭精粉揉入到纸内,目的是把多余的炭精粉擦掉以免弄脏车体表面。把涂有炭精粉的图样固定在车体需要绘制彩绘的地方,然后用铅笔描绘形体轮廓,这样就会把形体轮廓线印到车体上。

第四章　汽车彩绘完整过程

先在拼合好的图样与卡纸之间放上复写纸固定好位置并平铺好。

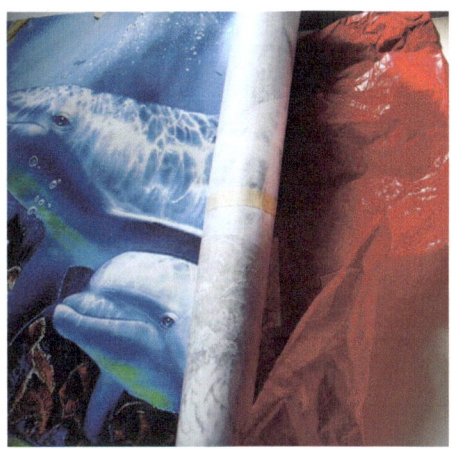

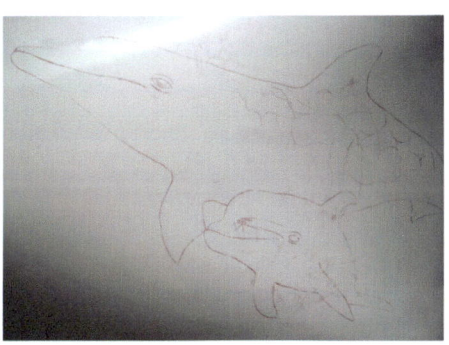

再用普通圆珠笔描绘图样上图案的形体轮廓，这样就在卡纸上形成清晰的轮廓线。

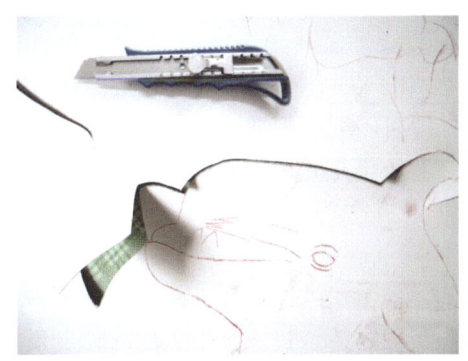
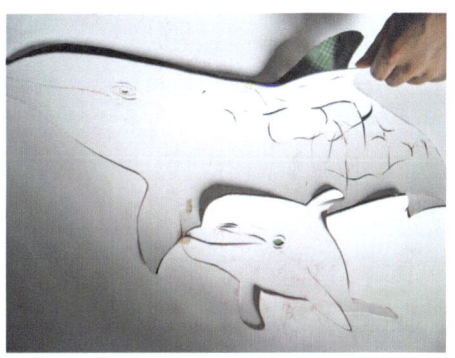

然后用刻纸刀沿着卡纸上形体轮廓线的地方刻开，注意线的闭合和衔接。最后就得到下一步要用到的模板的样子。

第三节 车体表面处理

一 打磨

用 1500~2000 号的水磨砂纸均匀打磨车体表面，打磨时尽可能地让水流动冲洗车体表面，使砂纸与车体表面之间没有砂粒残留，以免在车体上出现划痕。手工打磨应将砂纸（布）包在打磨垫块上，往复推动垫块，但不要用力过大，也不能只用一两个手指压着砂纸打磨，以免影响打磨的均匀度和平整度，整体打磨两遍即可。

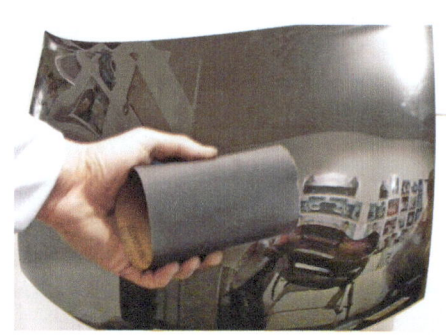

二 找平

检查基层的平整度。在光照下，侧面无明显凹凸和批刮痕迹，无粗糙感觉，表面光滑为合格。

如有碰撞产生的凹陷和划痕，就要进行刮原子灰（腻子）进行找平。在有划痕的地方用 800~1500 号的水磨砂纸打磨，先用粗砂纸后用细砂纸，把表面清理干净；然后刮原子灰，待原子灰干后再次进行打磨，仍是先用粗砂纸后用细砂纸，打磨到车体表面平整，手触摸感觉无凹凸感即可。

三 除尘

打磨后应清除表面的灰尘，以有利于下一步工序的进行，可用干净的除尘布和气枪清除表面灰尘。

四 贴报纸

如果只是绘制车的两侧，就要把不需要绘制彩绘的部分用报纸遮挡起来，如玻璃窗、车灯、把手等部位。这样处理的好处是彩绘时的颜料不会喷绘到上面去，起到保护作用。报纸粘贴时要对齐边缘，不要留有空隙，以免颜料喷入。报纸贴好后就可以开始彩绘的绘制了。

第四节　绘　制　彩　绘

一　喷笔的使用入门和基础线的练习

学习彩绘应从熟悉喷笔操作开始，应用喷笔喷绘出图案来是进入彩绘行业的第一步。

拿喷笔的姿势有两种：一是大拇指按住控制阀，食指放在喷笔颜料壶的外侧；二是食指按住控制阀，大拇指和中指等握住笔身。

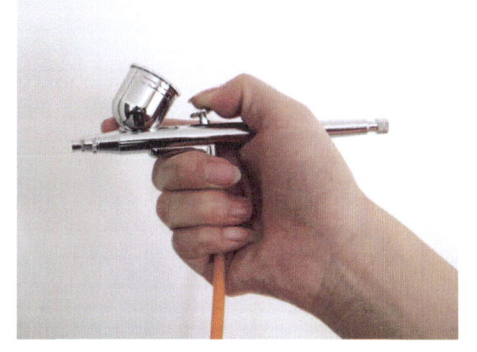
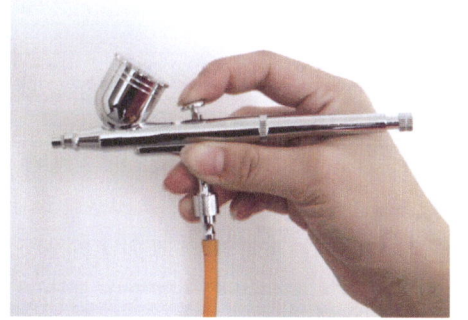

基础线的练习是进入彩绘流程的基础技法，大拇指往下按压控制阀是喷气，按下时往后扳是喷颜料。运笔的时候要注意大臂带动小臂，小臂带动手腕，形成一个关节运动，这样画出来的线条比较流畅、柔顺、自然。入笔时由远及近，先给气压，再渐渐向后扳动控制阀给颜料，颜料由少及多，喷到中间

时，喷笔距离画面最近，颜料给得最多；收笔时由近及远，先慢慢收回颜料，再收气压，喷笔距离画面越来越远，这样就会在画面上形成一条中间实（清晰）两头虚（模糊）的线条。

喷笔距离画面由近及远喷绘点的效果，遵循近实远虚、近小远大的规律。

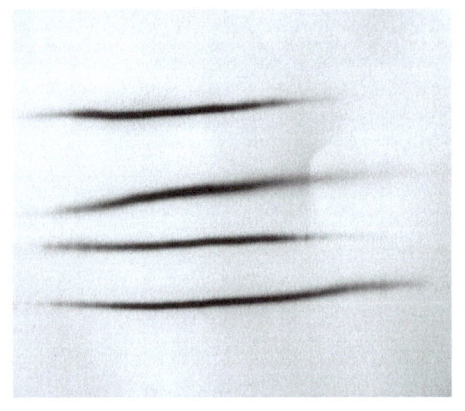

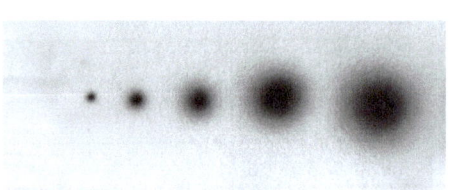

喷笔距离画面由近及远喷绘线的效果，也是遵循近实远虚、近小远大的规律。

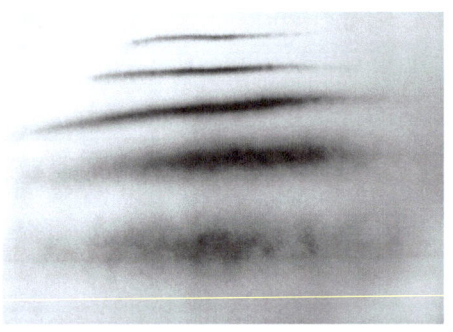

注意事项：线无论长短、宽窄、虚实，都要求中间实、两边虚，中间重、两边轻，过渡自然，不要出现断点。

练习时可以是直线、曲线，尽量地自由发挥，注意线的自然、飘逸、均匀过渡。

练习线的目的是要最终形成图案，由点到线，由线到面，由面到体，点、线、面不分家，人所能看到的图案都是由点、线、面组成的。

下面是一些具体练习线的图形，也是学习彩绘技法的必修课程。

第四章　汽车彩绘完整过程

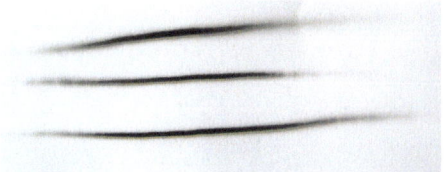
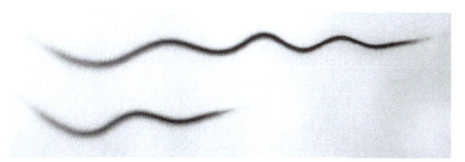

毛发技法是以后经常用到的技法，因为要绘制动物的毛发、人的头发等都需要经过毛发的练习才能喷绘出来。毛发对线的质量要求很高，且毛发有一定的走向，并不是平行的，而是错落有序交叉在一起的。毛发练习的规律是第一根与第二根是交叉层叠的，不要平行地喷绘，且是一层一层的喷绘，这样显得毛发有厚重感。

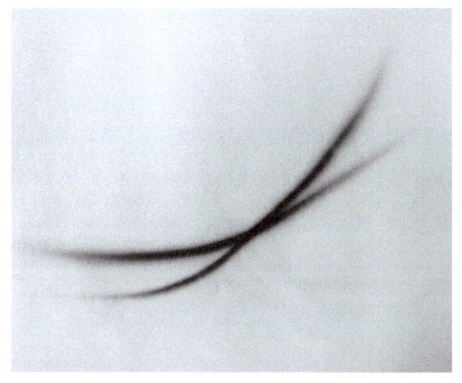

线的练习是熟悉喷笔使用的过程。在这个过程中，要找到运用喷笔的手感，坚持练习，一般练线的时间是3～7天，这是进入彩绘绘制的最基础练习。

练出手感后就可以进行一些具体线形的练习。练习线的目的是将其运用到实际中，可以绘制出具体形状，因为任何图形都是以点、线、面为基础的。线的练习尤为重要，掌握好线的练习是进入彩绘绘制的第一步，这一步要走稳，基本功要扎实，就像盖楼一样，地基要打牢固，有了练线的基础在进入以后的训练课题就比较轻松了。以下是一些很见效的练习线的图案，遵循以下图案练习可以使学习者的技术事半功倍。

59

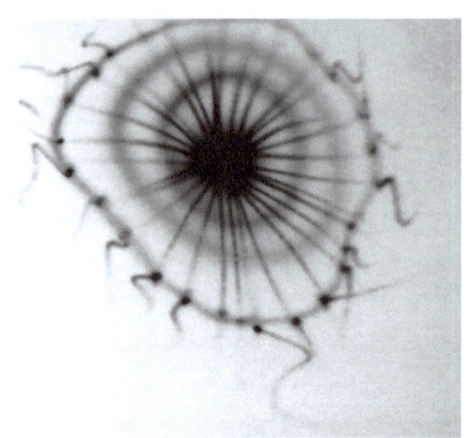
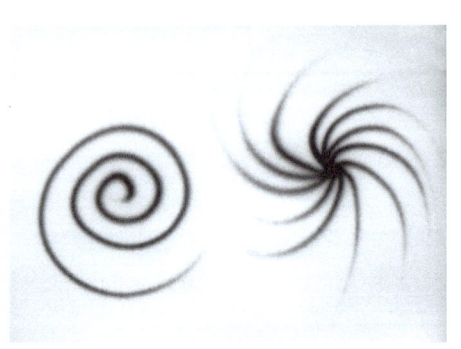

二 写实老虎彩绘流程

以虎为彩绘题材。车体是黑色，绘制位置是发动机舱盖，打印出的图稿拼接好后就应处理发动机舱盖表面，把发动机舱盖立在墙面或其他可支撑的地方，距离地面60cm左右。

然后用 1500 号水磨砂纸均匀打摩发动机舱盖表面，注意用力要均匀，不可用力太大，要带水打磨，这样表面不易出现划痕。

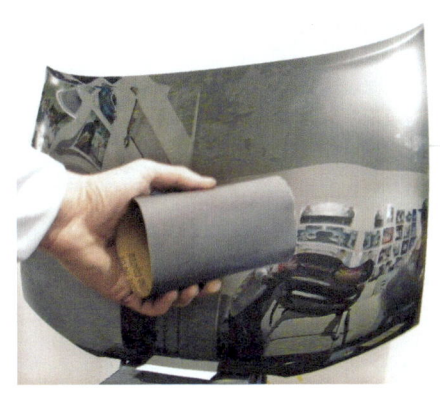

打磨完成后，将表面擦洗干净。待表面风干后，在喷枪内装上白色色漆，把发动机盖喷绘成白色。因为发动机盖是黑色的，不能直接在上面绘制图案，所以要改变发动机盖原有颜色，使彩绘容易着色。

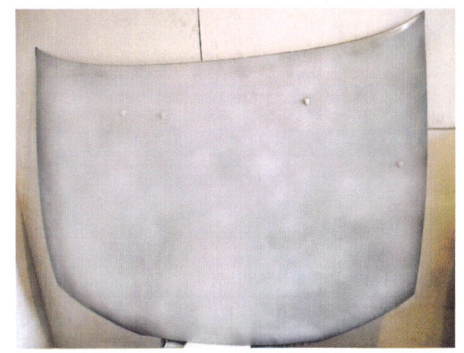

首先欣赏一下绘制后的写实老虎彩绘作品，看看有身临其境的感受吗。

下一步要拿出打印出的图稿，由于事先已经将其拼接好，故它是一幅完整的图案，大小与发动机舱盖相符。先用炭精条涂抹图稿背面，目的是用炭精粉代替复写纸，因为复写纸会与清漆发生反应，所以这里使用炭精粉起复写作用。

把涂抹好炭精粉的图稿固定在发动机舱盖合适的位置上,并开始透稿。

用铅笔在图稿正面描绘图像的形体轮廓和结构线,图稿背面有炭精粉,描绘的笔痕会印在发动机盖的表面。

使用喷笔进行描线,按着发动机舱盖表面的笔痕进行描绘,注意线条的粗细、轻重和形体结构的刻画。

在喷笔内装上黑色漆,从老虎的眼睛开始刻画。

这幅彩绘作品主要分为如下几个步骤。

1)用黑色漆描绘形体轮廓及老虎黑色斑纹。

2)找明暗关系、虚实关系。

3）给形体上颜色。
4）细致刻画第一遍毛发，然后上色。
5）刻画第二遍毛发，然后上色。
6）刻画毛发亮部高光。
7）刻画舌头细节、眼睛、胡须等。
8）背景刻画、整体调整、突出前景，遵循美术基础理论。
9）画面色漆干透后，喷涂清漆并进行抛光。

老虎的彩绘技法属于徒手技法，没有应用复杂的模板，属于全人工绘制，所以对画师的技术要求很高，喷笔完全代替了手中的画笔，直接描绘老虎的形体、轮廓、纹理、明暗和虚实等关系。

在喷笔内装上墨绿色漆用以喷涂老虎的背景色，老虎的轮廓背景要深一些，以便于后期的毛发刻画。

给老虎上色。老虎的本体颜色里有红色、黑色、白色、金光色和绿色等颜色，虽然颜色不多，但可以组合成丰富的色调。先给老虎喷涂红色，颜色要薄薄的，并有渐变的边缘，且不要涂满。

然后在喷笔内装上中黄色漆，在红色基础上再薄薄地喷涂一层中黄色，红色遇到中黄色就变成橘红色，这就是想要的效果。

在喷笔内装上红黑色（红加黑调和、红多黑少）漆，描绘老虎眼睛、鼻子周围的暗部纹理，并用红黑色把老虎面部整体压暗些。

在喷笔内装上深绿色漆，喷涂老虎的白色部分，也就是调暗白色毛发的部分，以便于下一步的毛发刻画。

刻画毛发，老虎毛是最难表现的，但毛发又是为形体服务的，所以表现毛发的目的是塑造形体。在喷笔内装上白色漆，先从眼睛周围开始绘制，这个步骤称为挑毛或喷绘毛发。

毛发的绘制是整个老虎彩绘过程中最难也是最重要的环节，因为整个写实老虎的效果全要靠毛发的细腻效果表现出来。由眼睛向四周展开，毛发有一定的方向性，特点是层叠交叉、柔顺有韧性。黑色之间的地方要挑毛，因为老虎的纹理是黑白相间的。

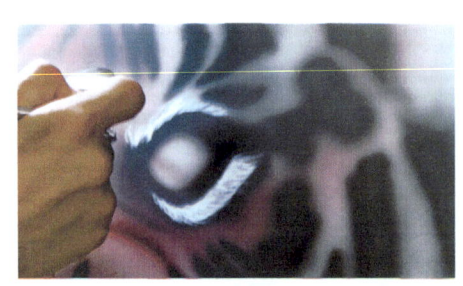 

虎头最外侧的毛发相对较长，有一定的韧性和缓缓下落的垂感，老虎头外侧下面的毛发有点受潮而带点卷儿的效果也要表现出来。同时要注意虎头的毛发与身体毛发的区别，虎头的毛发在前，身体毛发在后，有前后的关系，一定要把虎头的毛发压在身体毛发的前面，这样才能符合视觉规律，使虎头与身体分开，有空间感。

一定要注意毛发是一层压一层的，是层叠交融的关系，看看第一遍毛发挑完的整体效果。

第四章　汽车彩绘完整过程

　　然后给第一遍毛发上色，上色的步骤与前面相同，但颜色要浅一些，并有透明感。首先给毛发上红色，还是薄薄的一层，由浅入深。

　　然后在喷笔内装上红黑色漆调整暗部颜色纹理，有明就有暗，有虚就有实，有前就有后，事情是相对的，暗的地方一定要暗下去，亮的地方一定要亮起来。

　　在喷笔内装上中黄色漆，给画面薄薄地喷涂一层中黄色，使之变成橘红色调，两侧的白色毛发也要喷涂一层深绿色漆，且不可过深。

　　在喷笔内装上白色漆，进行第二遍挑毛发，也就是在第一遍毛发的基础上再挑一层毛发。记住这是浮在第一遍毛发之上的毛发，增加毛发的层次感与厚重感。第二遍挑的毛发不要过多，不要把第一遍毛发都给遮住了，要留有空隙，露出下面的毛发，挑毛还是从眼睛开始向外扩展。

　　第二遍挑毛因为是在第一遍的基础上进行的，所以画面会更立体真实，毛发更显得有层次感。

65

注意细部毛发的刻画,顺着毛发的走势描绘,一定要使两遍的毛发有所区分,不能融为一体,不可分辨。

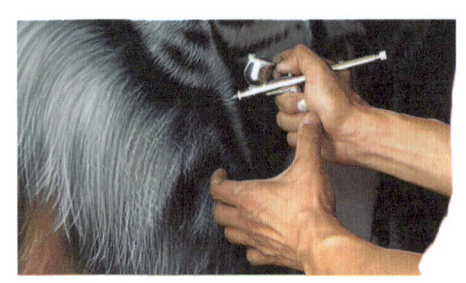

第二遍毛发挑完的效果,比第一遍毛发更有立体感和层次感了。

眼睛的刻画。眼睛是心灵的窗户,对于老虎也是如此,老虎的眼神要有虎威,可以体现出虎虎生威的那种气势,所以眼睛的刻画尤为重要。

首先把眼睛、鼻子、嘴的模板用磁铁固定在画面上,在眼睛的部分喷涂上白色,只有在白色底色上才可以绘制眼睛。

事先把瞳孔的模板刻好,放在画面中,用黑色喷涂。

第四章　汽车彩绘完整过程

在瞳孔周围喷上红黑色,再用白色喷笔描绘瞳孔周围的肌肉纹理关系。

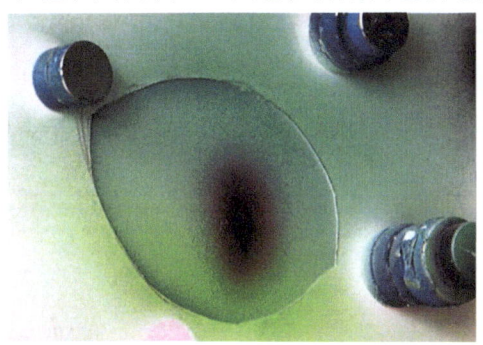

然后放好事先刻好的模板,用白色喷笔把高光亮部喷涂出来。

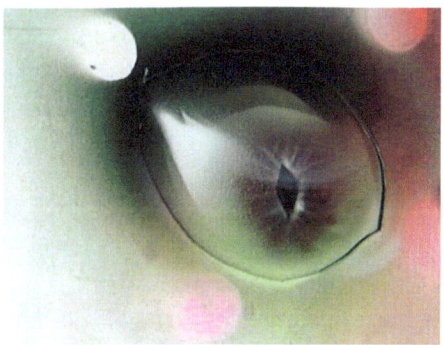

鼻子的刻画也是用模板固定住形体,首先喷白色底色,再喷涂红色与中黄色。白色底色与之后喷涂的红色与中黄色都是薄薄的一层,不要喷涂得过重。之后用红黑色喷涂鼻子的暗部。

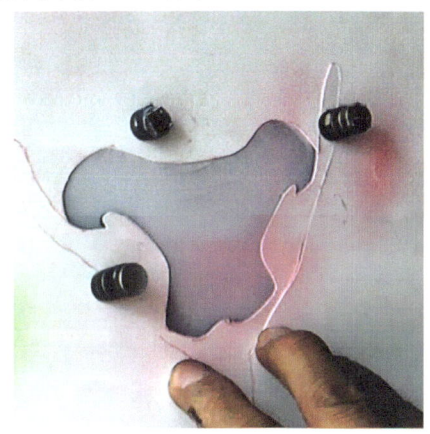
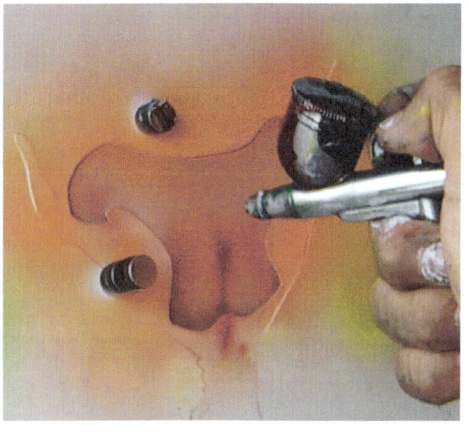

鼻子上部是有毛发遮挡的,也就是毛发在上,鼻子在下,这个关系也要表现出来。首先把鼻子上边与毛发的交界处喷成黑红色,再用白色喷笔往下挑毛发,使毛

67

发遮挡住鼻子上部。

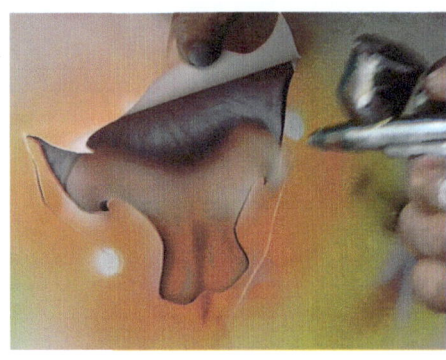 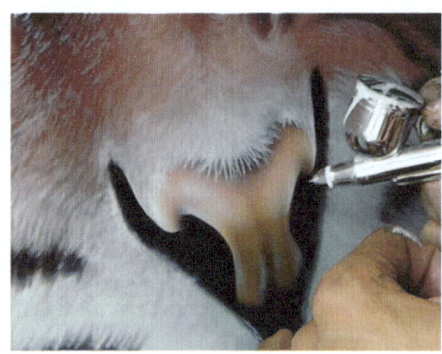

舌头的刻画也是用模板固定形体，在白色的底色上喷涂玫瑰红与大红色，再用黑红色描绘舌头上的纹理（小点点），并用黑红色调整舌头的明暗。最后用白色依次描绘舌头纹理的高光与亮部。

 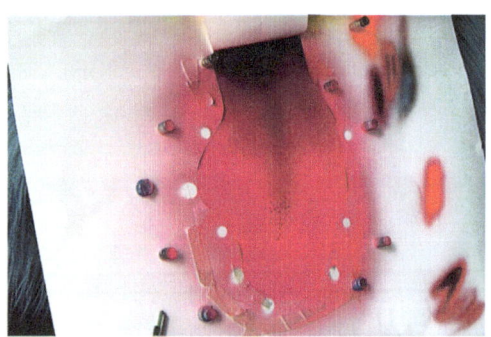

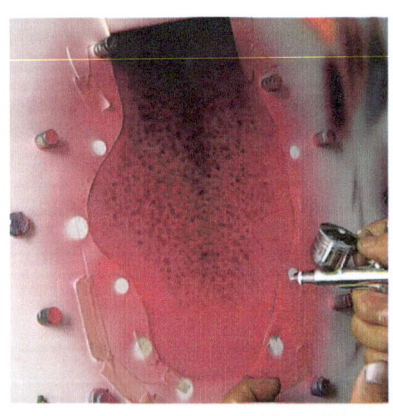 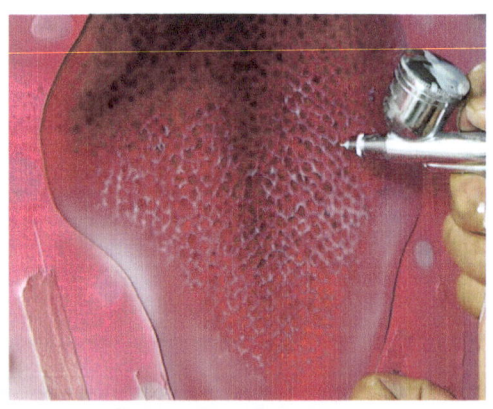

虎牙的刻画也要用模板固定形体，在白色底色上喷涂少许的大红、中黄色与浅绿色，再用红黑色喷涂牙根的暗部，用白色喷笔做出亮部与高光。这样牙就有立体感了，这也是遵循美术理论来绘制的。

第四章　汽车彩绘完整过程

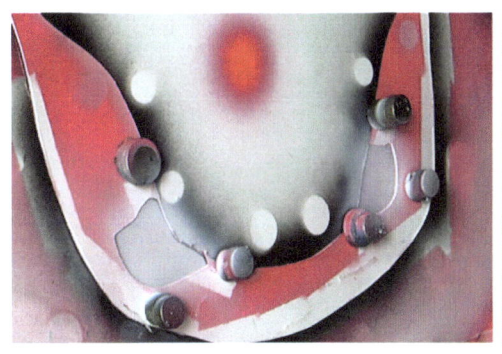
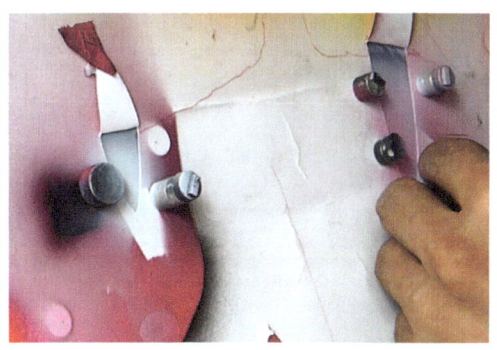
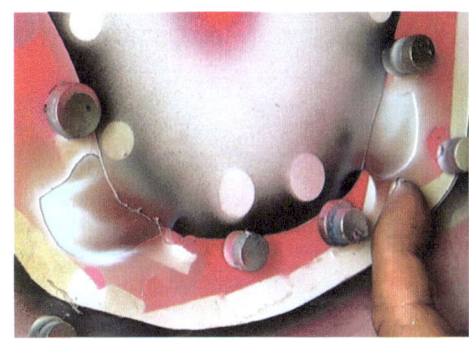
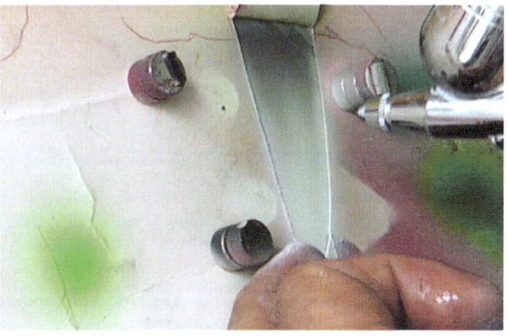

三　奥迪Q3"百合花"彩绘步骤

在这个彩绘项目中,面临的不只是绘制逼真的花朵,而是一种视觉的享受。在这一课中,你会看到,彩绘颜料(汽车漆)在汽车车身上的实际应用,我们使用

喷笔为主要绘画工具，为您创造美丽的百合花彩绘。现在，谈谈我们的想法与绘画步骤。

1) 设计草稿。彩绘前的完美设计是在彩绘整个过程中最关键的一步。没有一个好的想法、创意，就没有一个好的开端。

2) 当设计草稿被客户认可后，就可以开始实际的操作了。为了节省时间和方便绘制，汽车清洗后，用遮挡纸和胶带把前门、后门和挡泥板、轮胎遮盖住，还包括可能会飞溅上色漆的汽车玻璃部分及前后视镜。

3)把要绘制的图案按实际比例打印出来,然后背面均匀涂上炭精粉,并用软纸巾把炭精粉在打印纸背面均匀揉开。接下来把图案用少量的胶带固定在车身需要绘制的部分,在用铅笔或写字笔把图案线条誊画在车身上。

4)开始真正的彩绘。调和紫蓝色漆,用喷笔为每一朵花瓣画出造型,由线到面,由淡到浓,由里到外。这一步完全是自由喷笔喷绘,需要有一定扎实的基本功,把花瓣的基本造型和素描关系表现出来。

5)继续进行造型的更详细刻画,并通过光影的工作原理来表现花瓣的真实性,这项工作是一个单色的绘制。

在黑色和白色重叠绘制过程中可能会出现脏色，所以一般不使用纯黑色，画面最暗的部分使用黑色加一滴蓝色混合，这样会避免脏色的出现。

全局照顾所有花朵的部分，逐步建立花朵的体积感和具体形状。在此阶段，造型是必须强调的一个重要因素，形体的美感需要强化。花朵的空间感也需要表现出来，一层花瓣叠加在另一层花瓣的上面，它们之间的界限要清晰。

6）这就是刚刚彩绘出来的百合花，但是花朵需要更艳丽，使花朵变的很"甜"，这需要更的色彩去装饰它。在花蔓和阴影的部分需要融合粉红色、紫色来强调花朵的色彩感。每个花瓣的底部还需要一点淡淡的黄色。点缀这些颜色是非常容易的，但需要你有对花瓣色彩的理解。喷绘颜色时是薄薄的一层颜色，不要多，也不要过，要有个控制的度来把握。

　　这就是我们需要的花朵的色彩——害羞的百合花，少许的粉红色会使花朵显得更羞涩。

　　7）现在需要创建一个风景如画的效果，为每一朵花瓣加入笔刷的特效。在保持花的体积和形状的前提下，柔软的笔触会使花瓣更有立体感和真实感。笔刷是一个很好的可以利用的表现形式，可以达到水彩画画面的效果。但不同种类的颜料也就是色漆，比如水性漆和油性漆会在不同的材质上有所差异，在本文中所用的水性颜料（水性漆）。

8）注意百合花哪部分最亮，就是高光的地方，要重点表现出来；还有哪部分最暗，暗部需要强调，这样画面有个清晰的对比度。这就是光影效果，它可以更好地表现花卉的形状和体积。

9）花蕊是一个吸引人的地方，也是需要仔细表现的地方。你可以用自由喷绘的方式，也可以使用模板来固定形体。当然，方法只是辅助的形式，需要你对图形画面的理解。

本文中，使用的方法叫"膨胀泡沫"，就是利用模板作为辅助手段再均匀喷绘上颜色，然后用装有白色颜料的喷笔仔细喷绘图形的两侧及四周边缘，使边缘亮起来，这样立体感就呈现出来了。另一种形式用装有白色的喷笔喷绘图形的特定区域纹理结构，白色的纹理部分就是亮部凸起的地方。

几个花蕊组合成一簇花蕊，但每个花蕊又不尽相同，有大有小，有前有后，有颜色差异。此外，不要忘记了光线和阴影对画面的影响。

花蕊的绘制步骤如下。

① 把花蕊造型用复写纸透稿在模板纸上,用刻刀把需要彩绘的地方刻掉镂空。

② 把模板纸用磁铁块固定在车身需要绘制的地方,镂空需要绘制的地方——蕊茎。

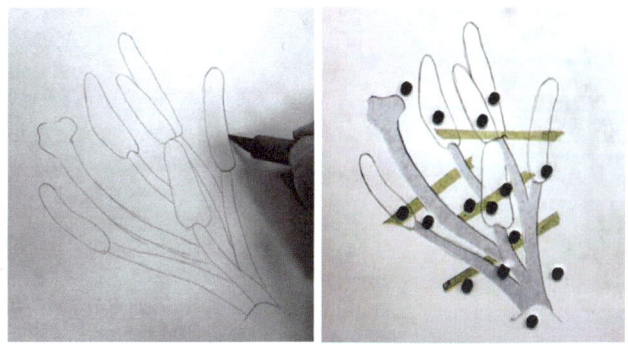

③ 喷笔内装进浅绿色颜料喷涂镂空的地方,并用红色作为补充色喷涂蕊茎的底部。

④ 喷笔调和深颜色(绿色+红色+黑色),喷涂每根蕊茎的底部及中间部分,调节蕊茎的立体感和光影关系。绿色的花蕊要体现出强烈的立体感,调节明暗

关系。

⑤ 镂空花蕊头部，喷笔调和暗红色均匀喷涂，花蕊下部需要更深一些颜色。

⑥ 喷笔装进白色颜料，仔细描绘出花蕊头部内的纹理，亮部纹理部分是高光突起的地方，使其呈现出立体的感觉，这样会更真实。

10）现在到了最乏味的，但非常关键的部分之一。需要把百合花用纸胶带及遮盖纸覆盖起来，然后开始绘制背景。

红花要有绿叶配。背景是为了衬托前面的主角百合花的，也是非常重要的一个环节，这样画面才能更完整。

用纸胶带仔细沿着花卉边缘粘贴，并用刻纸刀切割掉多余的胶带边缘。

第四章 汽车彩绘完整过程

注意：在贴纸胶带之前要对画面做保护，可以用在画过的地方喷一遍，这一步很重要。否则纸胶带很容易把画好的颜料粘下来。

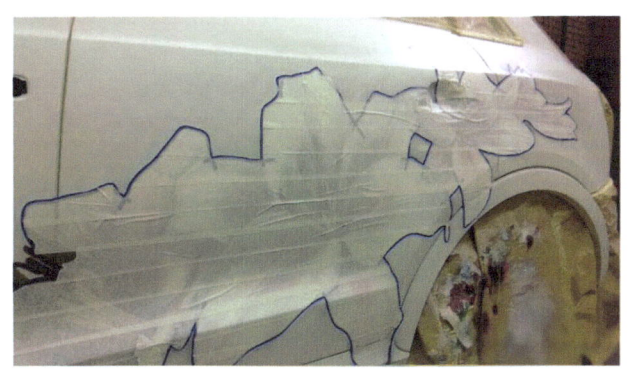

11）背景是有多个颜色拼在一起的，互相之间衔接的地方要做到均匀渐变，过渡均匀。

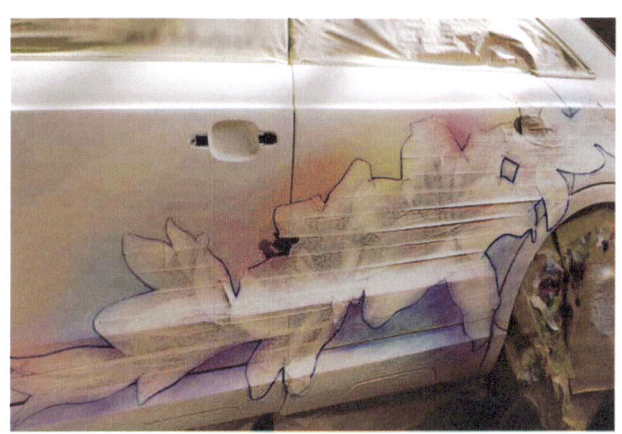

12）适量花纹要在上背景色之前用纸胶带贴好造型，然后喷绘背景色彩。

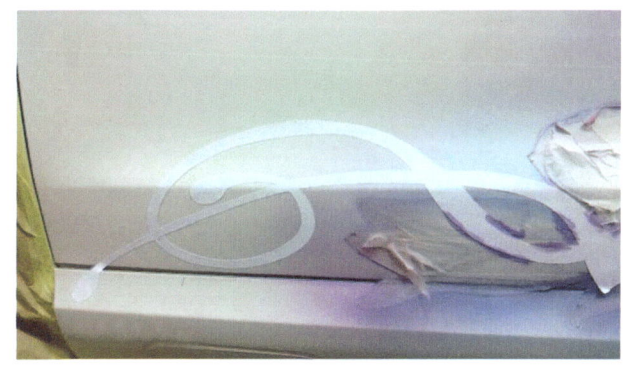

揭掉纸胶带，这样被遮盖住的地方会空白出想要的图案。

77

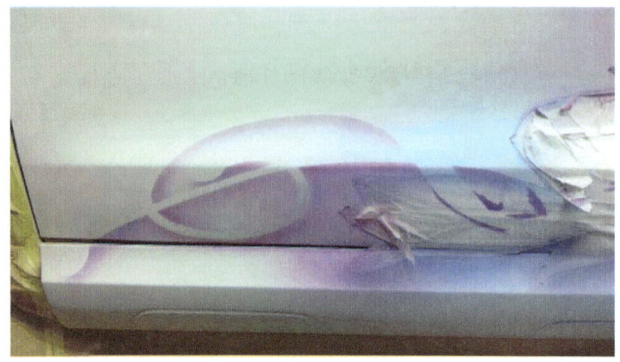

同样的做法应用在后挡泥板图案上。

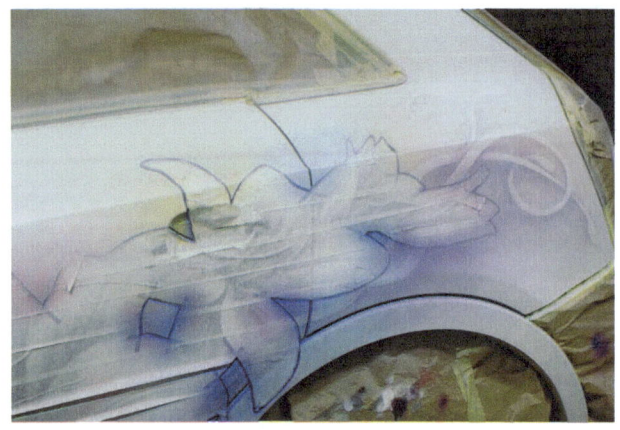

花卉整体背景颜色，下方的颜色要更重一些，就是花卉下方是阴影的地方，这样符合光影的自然规律。

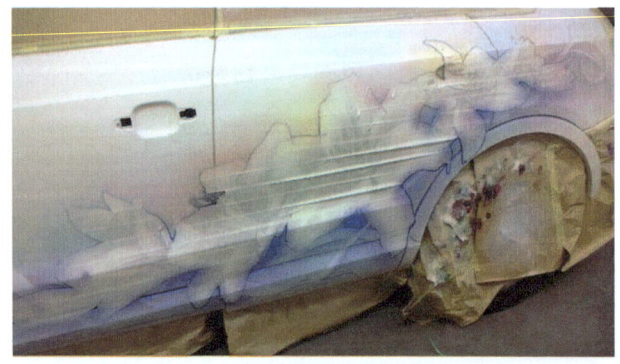

13）最激动人心的时刻是揭开被覆盖的百合花，一定要非常小心地一步步揭开覆盖的胶带纸，注意不要把颜料图层揭掉。

接近工作的最后阶段，首先修饰花瓣的边缘，注意花瓣边缘与背景的关系要融洽。把喷笔内装入白色颜料描绘花瓣边缘，强化花瓣白色边缘线特别是突起亮部边

缘线。如果有必要，再用暗色颜料加强阴影的效果。

同样的步骤方法，进行车辆另一侧的修饰。

到这一步，基本完成了全车彩绘，但还有更重要一点就是进行全局的调整，要多看看、多观察两侧画面的整体色调、浓淡、造型、光影关系、层次感和立体感等是否相同相近，不要差异太大。

14）最后一步就是喷汽车清漆、亮油。清漆起到一定的对车体色漆的保护作用，也会使画面颜色更亮丽、更有光泽。

最终的彩绘效果。

四 杜宾犬漫画风格彩绘步骤

这辆杜宾犬彩绘车是客户最为喜欢的一件作品，因为这个作品体现出了动感的漫画风格，像是在呼吸着新鲜空气。

第四章 汽车彩绘完整过程

1. 左侧杜宾犬彩绘

1）设计出手稿。在电脑里设计出效果图,在得到客户的认可后,开始真正的绘制。

2）彩绘前车身打磨及遮挡处理。用1000号水磨砂纸均匀打磨车体,然后用遮挡纸遮挡住不需要绘制的地方。

3）打印出杜宾犬的图案并制作模板,沿着杜宾犬外轮廓线切割出杜宾犬的形状。

81

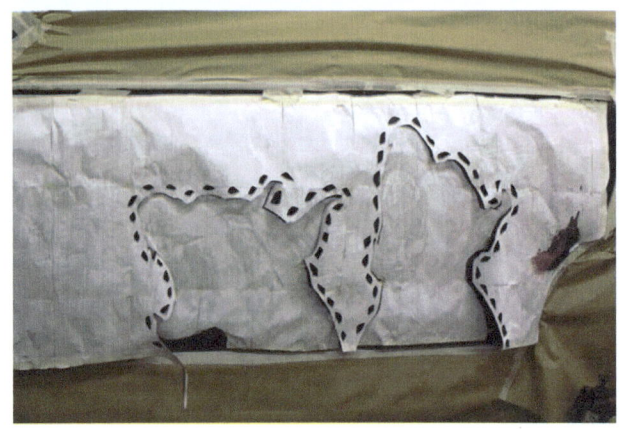

4)白色衬底。在镂空的杜宾犬的位置用喷枪均匀喷涂白色色漆。

5)把切割掉的杜宾犬图案放回原来的位置,用写字笔在车体上透稿出杜宾犬的具体形状,如牙齿、鼻子和眼睛等。

6)喷笔内装入不同的色漆。土黄色、黑色、蓝色、红色,分别喷涂杜宾犬的不同的位置,给杜宾犬上色。注意光影的效果和画面的结构。

辅助技法:用黑色马克笔描绘结构线及阴影的部分,这样可以强化结构及光影关系。

7)润色,强化结构线及光影效果。喷笔内装上黑色色漆,仔细喷绘轮廓线、牙齿、鼻子、嘴、眼睛、耳朵及肌肉骨骼凸起的地方。

8)用遮挡纸遮挡住已经完成的杜宾犬的部分,开始背景的绘制,这是完成的效果。注意背景与前面杜宾犬的轮廓要清晰明了,背景与前景要界限分明。

2. 右侧杜宾犬彩绘

1）首先是打印和制作模板，遮挡住要画的杜宾犬的部分，这一次从背景开始绘制。背景是单色的黑白色彩，利用模板来喷绘完成，注意细节及远景、近景的区别，就是空间感。

2）利用模板纸把背景遮挡住，镂空出杜宾犬的区域，用喷枪把底色均匀喷成白色。

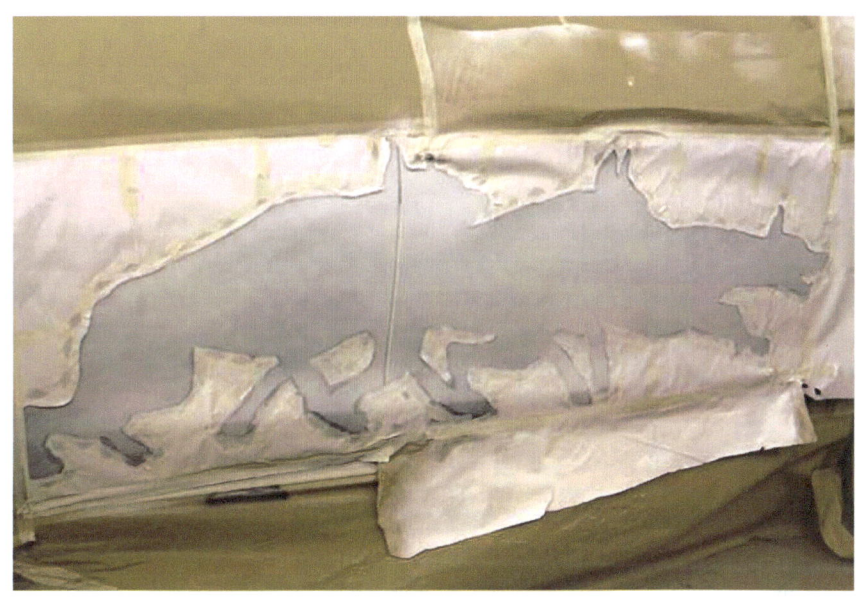

3）把打印出的杜宾犬图案放回要画的区域，用写字笔把杜宾犬形体结构线透稿在车体上，然后开始上色，首先是土黄色。头部是要重点表现的地方，细致刻画头部的结构形态。

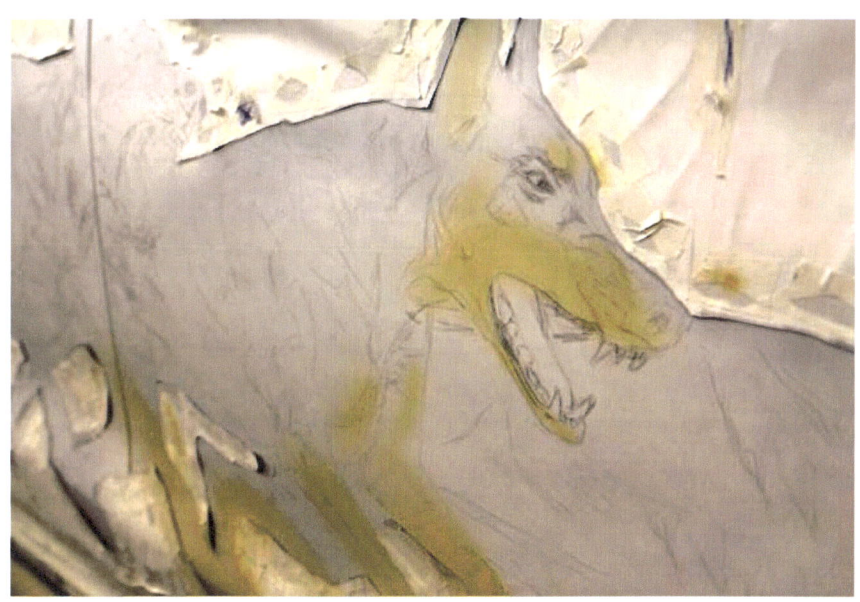

4）喷笔内装入黑色色漆，自由喷绘出杜宾犬的结构形体，注意光影关系及各部分的结构组成。特别是肌肉和骨骼的表现要突出。

5）辅助技法。用黑色马克笔描绘结构线及阴影的部分，这样可以强化形体结构及光影关系。

第四章　汽车彩绘完整过程

6）润色，强化结构线及光影效果。喷笔内装上黑色色漆，仔细喷绘轮廓线、牙齿、鼻子、嘴、眼睛、耳朵及肌肉骨骼凸起的地方。

7）润色过程的重点是使用喷笔黑色结合马克笔绘制的结构线，把马克笔的结构线融合在画面中，没有孤立的线段。

87

8)调整前景与背景的关系,特别是杜宾犬的轮廓线即界限要分明清晰。

9)最后的效果。

第四章 汽车彩绘完整过程

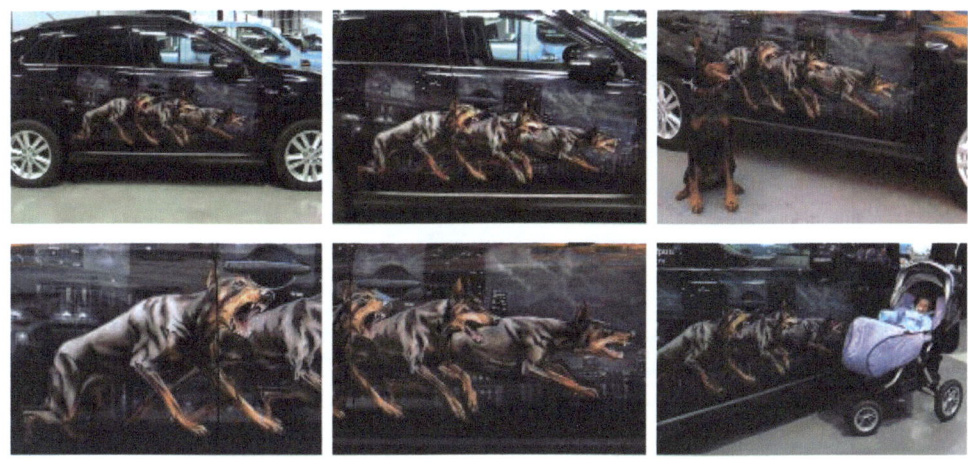

五 写实火焰彩绘步骤

1）首先准备好要绘制的画板，可以是油画布、卡纸，可以是铁板、汽车车身、摩托车头盔、摩托车油箱，也可以是墙面、吉它、冲浪板等，不同的材质上均可以彩绘出真实的火焰效果。底色以深色为宜，因为深颜色可以更好地对比出火焰的明亮效果。

2）利用火焰模板喷绘出各种火焰的纹理，第一遍的火焰纹理用白色或白色加一点点黄色颜料即可。火焰的形状特征是下面宽上面窄，火焰的燃烧方向是由下向上燃烧的。

89

3）这是火焰的基本造型，火焰的纹理要求流畅自然，很多的纹理效果是随机绘制出来的，并没有太固定的造型，这就需要大量的实践练习才能找到更多的感觉。

4）喷笔内装入洋红色颜料或红色色漆，均匀喷涂画面，使白色的火焰纹理变成红色的，因为只有白色可以很容易地被喷涂成其他颜色。原理是白色越白，红色越红。

5）在红色火焰的基础上开始第二次火焰纹理的绘制，同样的原理，这一次使用黄色颜料来均匀喷涂白色的火焰纹理，使其转变成黄色的一层火焰。

6)这是一步非常重要的绘制步骤,这层黄色的火焰是在红色火焰图层之上的,这样火焰就有了层次感,图层越多,火焰的层次感和空间感越强烈。

7）在前两层火焰的基础上，喷笔装入白色色漆，开始第三层火焰的绘制。

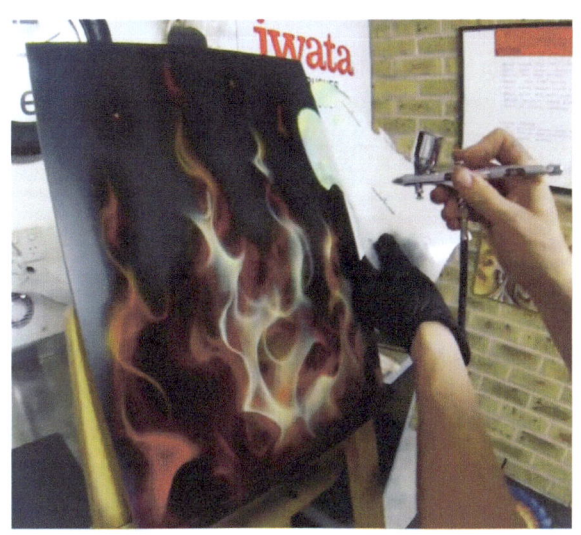

8）这一层火焰的绘制要保持一定的透明度，不要把上一层的火焰完全覆盖住。需要的是透明的火焰，这样才更真实些，然后给这层火焰喷涂成亮黄色。

9）开始第四层火焰的绘制，这一层火焰的纹理不需要过多，只是一小层而已漂浮在上面。

10）把第四层火焰喷涂成黄色，这时你会看到前面的是一层层黄色的火焰，后面渗透着红色的烈火，空间感与火焰的动感都体现了出来。

11）最后一层火焰的绘制，还是用白色的颜料，这一层火焰只需要点缀，只是在弯曲高光的地方出现。

12）最后一步是修饰，喷笔内分别装入洋红色与亮黄色色漆喷涂画面，要一层一层的修饰。红色重点喷涂后面红色火焰的部位，黄色喷涂前面几层火焰的位置。整体用红色与黄色在轻轻的喷涂一层，一定要小心的喷涂，这样亮黄色会变成金黄色，增加色彩感。

13）喷涂清漆，可以起到保护画面的作用，同时可以使画面颜色更加亮丽。

六 写实金钱豹彩绘步骤

1）在电脑里设计出效果图。

2）按汽车发动机舱盖同等大小比例把效果图打印出来，并用胶带拼接成完整的图案。再用刻纸刀把金钱豹黑色斑点的地方刻掉使其镂空。

第四章　汽车彩绘完整过程

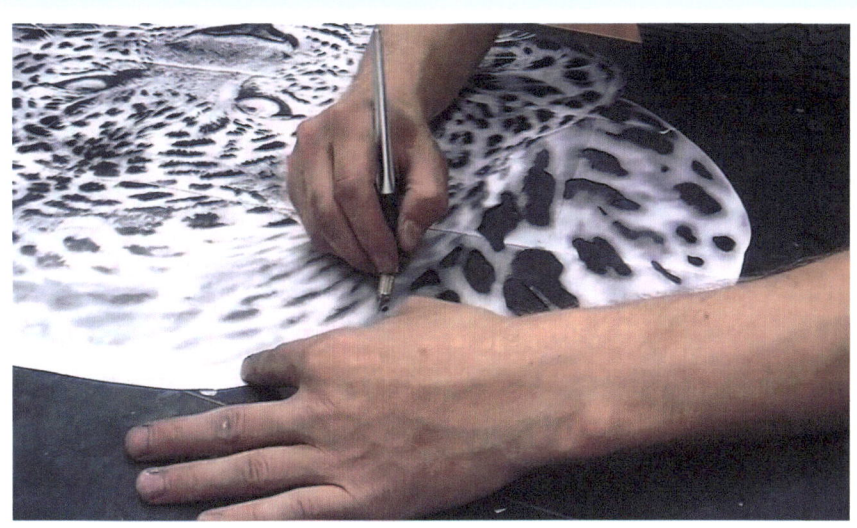

3）把刻好的图案固定在要绘制的已经用砂纸打磨好的发动机舱盖上，然后用装有黑色颜料的喷笔轻轻喷涂画面，主要是外形和镂空的地方都要喷涂。

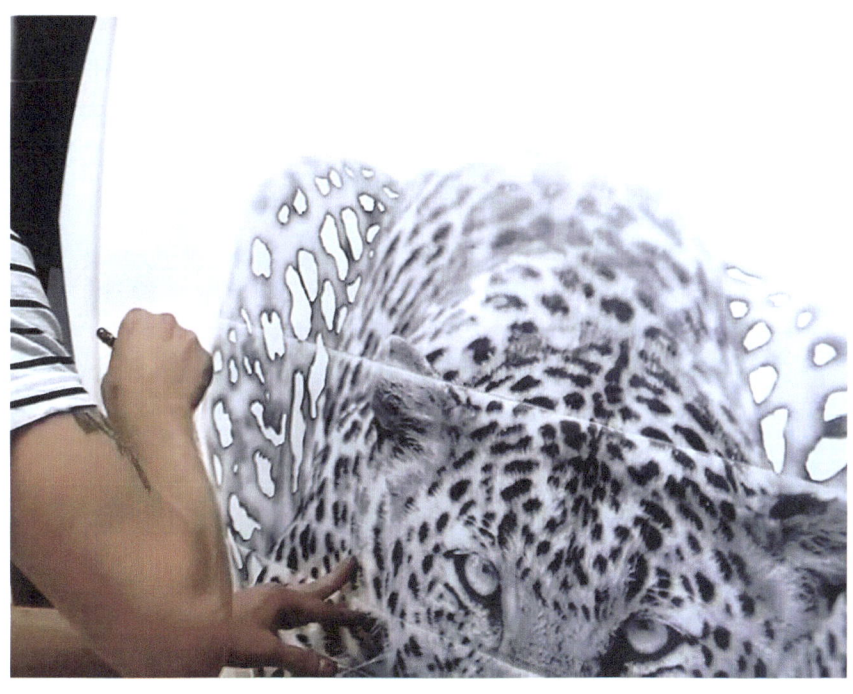

4）这就是利用模版喷绘出的效果，大体的形状特征都体现出来了。下一步可以细致刻画了，用喷笔描绘出更具体的画面细节、明暗关系、形体特征和立体层次关系等等，也包括毛发的纹理。

5)喷绘过程中注意层次感、立体感,前面的部位比如嘴部、鼻子、眼睛周围的画面要细致刻画,这也体现出了画面的主次关系。这幅彩绘画面的内容是金钱豹的形象,而金钱豹头部的特征是这幅彩绘画面的核心重点。面部特别是眼睛、鼻子周围刻画的越细致,空间感与层次感就会体现的更强烈。

6）毛发的绘制。动物或人的毛发有多种的表现手法与方式，这里介绍的是另一种比较快捷的方式，即刮蹭法。就是用稍微坚硬的纸张或砂纸折叠成棱角，然后刮蹭画面，把一部分颜料图层刮掉而形成一种毛发的效果。注意刮蹭画面的力度大小、还有方向感，毛发是有方向的。

7）无论任何的方法与方式，都是为画面形体造型服务的，如果没有起到塑造形体的作用，那再好的方法都是徒劳的。

采用刮蹭法来表现金钱豹毛发效果的目的是为了塑造金钱豹的毛发及整体形象。那么在刮蹭法使用过程中一定要围绕形体服务，注意形体的结构、层次及明暗关系，甚至每一笔的力度都要掌握好，毛发有长有短、有浓有疏、有柔有硬，被塑造的形体特别是边缘一定要清晰。

8）毛发的层叠关系，需要记住的是所表现的画面与物体是三维立体的，只不过是在二维平面上去表现三维的效果。所以遵循的原则是突出画面的空间与层次感。那么毛发的表现需要体现出层叠的关系，还有近实远虚的效果。面部特别是眼睛、鼻子周围的毛发要非常清晰的刻画，身体及背部的毛发要逐渐模糊为宜。

第四章　汽车彩绘完整过程

9）刮蹭法的要点是一定要顺着毛发的走向来刮蹭出毛发，从画面的最前端到画面的最后端，也就是从金钱豹的鼻子、眼睛的位置到后背及后腿部是有一个纵深的空间层次的，毛发是一层压一层的，是有规律的。头部、前腿、后腿部、后背的前后关系要清晰明了。

10）调整整个画面的黑白关系及光影效果。黑色毛发与白色毛发的层叠与交融要自然，各部分关系的界限要清晰明了。

11）眼睛的表现体现出画龙点睛的效果，眼睛一定要明亮、有神，眼睛是心灵的窗户，在这里一定要体现出来金钱豹凶猛的一面。绘制眼睛的要点是瞳孔及眼

101

球边缘要黑白分明,遮挡眼睛的上部毛发要清晰到每根毛发,淡淡的蓝色要留出眼球下面的白色反光。

12)整体的效果。下一步就是喷涂清漆,然后打蜡抛光的最后环节了,到此整个流程也就结束了。

第五节 彩绘后处理

一 喷清漆

彩绘画面完成后也就预示着整个汽车彩绘流程完成一大半了,下一步就是给发动机舱盖画面喷清漆了。清漆是硝基的清油(亮油),在画面表面或车体色漆表面形成一层亮膜,像附着表面的一层水一样透明光亮,同时有一定的厚度,起到保护车漆和彩绘画面的作用,可以防止画面直接与空气接触而发生氧化。

一般使用硝基清漆,加入软树脂,如不干性油醇酸树脂,使涂膜坚韧,可用于金属、木材表面涂装及罩光,用高黏度硝化棉并加入较多增韧剂时可作皮革漆。

硝基清漆是一种由硝化棉、醇酸树脂、增塑剂及有机溶剂调制而成的透明漆,属挥发性油漆,具有干燥快、光泽柔和等特点。硝基清漆分为亮光、半哑光和哑光三种,可根据需要选用。

在喷清漆时要调和一定的固化剂和烤漆稀料,清漆与固化剂的比例是2∶1,再加10%的烤漆稀料进行稀释,并用过滤网过滤一下排除杂质。

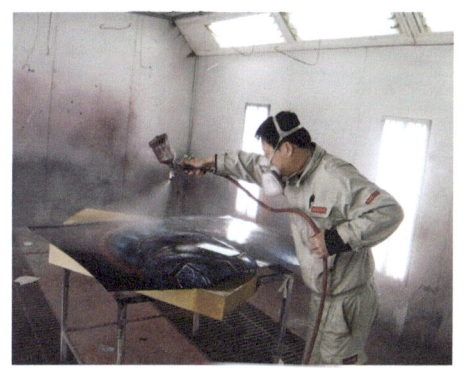

喷清漆对喷枪的要求较高,一般都是使用进口品牌,大的汽修厂和4S店维修车间都是使用美国萨塔牌或日本岩田牌喷枪进行喷清漆,这种喷枪雾化效果好,做工精细,漆面细腻平整。一般以喷两遍清漆为宜。

喷清漆时对周围环境要求比较高,须无尘作业,空气流通,一般在烤漆房内进行。

二 烤漆

(1)烤漆房结构 整个烤漆房为拼装式结构。房体采用子母插式保温喷塑墙板,密封、保温性能好,房体侧面装有工作门,方便工作人员进出;铝合金包边大门,门中央装有观察窗,可随时观察房内动态。选用低噪声高风量风机,确保喷漆效果的完美性;优质不锈钢热交换器,换热效率高,使用寿命长。

(2)烤漆房工作原理 烤漆房一般是用来喷涂和烘烤车漆用的。因此,烤漆房最确切的描述应为"喷烤漆房"。

喷漆时,外部空气经过初级过滤网过滤后由风机送到房顶,再经过顶部过滤网二次过滤净化后进入房内。房内空气采用全降式,以0.2~0.3m/s的速度向下流

动,使喷漆后的漆雾微粒不能在空气中停留,而直接通过底部出风口被排出房外。这样不断地循环转换,使喷漆时房内空气清洁度达到98%以上,且送入的空气具有一定的压力,可在车的四周形成一恒定的气流以去除过量的油漆,从而最大限度地保证喷漆的质量。

烤漆时,将风门调至烤漆位置,热风循环,烤漆房内温度迅速升高到预定干燥温度(55~60℃)。风机将外部新鲜空气进行初过滤,与热交换器发生热交换后送至烤漆房顶部的气室,再经过第二次过滤净化,热风经过风门的内循环作用,除吸进少量新鲜空气外,绝大部分热空气又被继续加热利用,使烤漆房内温度逐步升高。当温度达到设定温度时,燃烧器自动停止;当温度下降到设定温度时,风机和燃烧器又自动开启,使烤漆房内温度保持相对恒定。最后当烤漆时间达到设定的时间时,烤漆房自动关闭风机,烤漆结束。

使用烤漆房时应注意以下几点:

1)在进行喷涂前必须先检查喷涂的气压是否正常,同时确保过滤系统清洁。
2)检查空气压缩机和油水微尘分离器,使喷漆软管保持洁净。
3)喷枪、喷漆软管和调漆罐要存放在干净的地方。
4)除了用吹风枪和粘尘布除尘外,其他所有喷涂前的工序都应该在烤漆房外完成。
5)在烤漆房只能进行喷涂和烘烤工序,而且烤漆房房门只可在车辆进出时开启。开启房门时必须开启喷涂时的空气循环系统以产生正压,确保房外的灰尘不能进入房内。
6)必须穿着指定的喷漆服和佩带安全防护用具才能进入烤漆房。
7)在进行烘烤作业时,必须将烤漆房内的易燃物品拿出房外。
8)非工作人员,不得进入烤漆房。

烤漆房的使用可以提高车漆修补作业中漆面的质量,这不仅因为烤漆房可以按照操作人员的设置使漆面均匀升温和迅速烘干,而且烤漆房可以隔绝外界灰尘等污染物对车漆造成的污染。一般喷好清漆后烘烤半小时就可以了,再自然放置两小时左右就可以进行抛光处理了。

三 抛光处理

汽车能有一个"美丽的外表",是每个车主的愿望,光滑亮丽的车容车貌给人一种赏心悦目的感觉。如果汽车有了划痕、擦伤,那肯定要进行修补,然后打蜡抛光。

每当汽车外表擦伤或者因事故引起外表缺陷而进行喷漆、补漆后,亮度总是大

不如前,这就需要对汽车外漆面进行打蜡抛光。抛光应在专业烤漆房里进行,汽车喷漆、补漆过程中,漆面不可避免会吸附一些微小的灰尘颗粒,所以就需要在漆层牢固后进行抛光。

抛光之前,先用打磨机打磨掉一些划痕、瘤子。抛光时,要根据损坏程度选择粒度粗细不同的抛光膏,最后一次则一定要选用最细抛光膏。先用1200号或1500号水砂纸,或者内衬比较光滑的打磨纸进行水磨,把漆层表面的尘粒磨平。细磨时,用水砂纸垫磨在要抛光的地方进行圆周运动,不要前后运动;用力要均匀,以免出现新的划痕。然后,用抛光蜡进行抛光,一般要用柔软、不掉绒的细密柔韧的布折叠成平整的一块,抹上少量抛光蜡,用中等力度压紧布块进行前后运动,把砂纸留下的纹路除掉,此过程可喷洒少量的水至布块上。当漆面出现闪亮的光泽和较高平滑度时,也就是肉眼不再看到有瑕疵时,再用抛光蜡进行表面抛光,以使光洁度保持长久。

用抛光机进行抛光时,一般采用低速慢抛,以防止表面产生高温和静电。抛光是一项十分精细的工作,要手眼并用,经常观察漆面,抛光机也要不停地匀速运动,这样才能打磨抛光出跟新车相媲美的车容车貌。

汽车表面经喷涂之后,可能会出现粗粒、砂纸痕、流痕、反白、桔皮等漆膜表面的细小缺陷。为了弥补这些缺陷,通常在喷涂后进行研磨抛光处理,以提高漆膜的镜面效果,达到光亮、平滑、艳丽的要求。研磨抛光的步骤如下:

(1) 清洗整车 用去污力强的漆面清洗剂清洗整车,使用清洗剂时,应避免颗粒灰尘在研磨中造成新划痕。

(2) 水砂纸打磨 对于漆层有粗粒、细微砂纸痕、流痕等缺陷,在抛光前先用600-1000号水砂纸沾水包于小橡胶衬块内,对其轻轻打磨至平整(注意不能磨穿漆层)。

(3) 粗、细研磨 采用机用研磨机(电动或风动)加上粗研磨膏,对水砂纸的痕迹进行粗磨;再加细研磨膏进行抛光细研磨。

(4) 抛光 采用机械抛光机,加上镜面处理剂抛去粗研磨膏留下的旋印,达到漆膜镜面抛光的效果。电动抛光如下图所示。

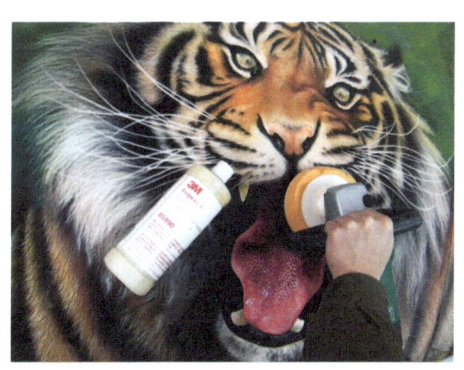

（5）手工上光　研磨抛光结束后，擦净研磨抛光膏，立即用棉纱沾上光蜡把抛光部位全部擦一遍，再用干棉纱擦净多余的上光蜡，使漆面光亮似镜、艳丽夺目。

第五章

汽车彩绘烤漆实例

第一节 国际著名彩绘艺术家及彩绘工作室介绍

彩绘艺术起源于最初的欧美人对机车艺术的热烈最求,慢慢发展成一个独特的艺术领域,而且遍布全球大部分地区及众多艺术领域。也出现和造就了一批批优秀的彩绘艺术家、商业彩绘工作室及培训机构。下面来介绍和剖析国际上一些著名的彩绘艺术家及彩绘机构。

喷笔彩绘艺术可以延伸的领域有汽车彩绘、摩托车彩绘、头盔彩绘、吉它乐器彩绘、游艇彩绘、人体彩绘、面部彩妆、服装彩绘、墙体彩绘和飞机彩绘等,在各个领域内都涌现出了很多杰出的彩绘艺术大师级人物。

澳大利亚彩绘艺术家:
 韦恩·哈里森(WAYNE HARRISON)

韦恩·哈里森(WAYNE HARRISON),从事喷笔彩绘超过35年。他的作品获得了很多奖项,在美国和澳大利亚赢得过多次大奖,是公认的彩绘大师级人物,其彩绘作品及壁画艺术作品遍布澳大利亚及东南亚各地。著名电视台 MOTOREX Summernats 和许多其他的汽车节目媒体均采访过他。他的壁画作品被称为"梦幻壁画",他的机车彩绘作品赢得了众多顶级彩绘定制奖项。

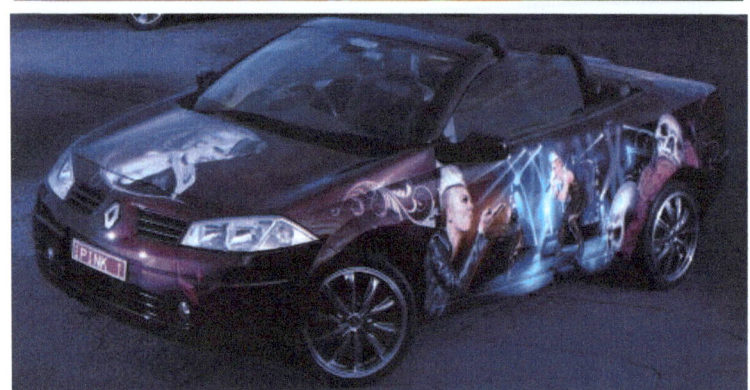

第五章　汽车彩绘烤漆实例

二 俄罗斯彩绘艺术工作室

俄罗斯的喷笔彩绘技术可以说是世界顶级的，无人可以超越。因为俄罗斯人的喷笔彩绘艺术是伴随着俄罗斯人的绘画艺术逐步发展起来的。就像俄罗斯的绘画艺术一样，已经由成熟走向了巅峰。在俄罗斯汽车彩绘已经普及，俄罗斯的艺术家有着深厚的美术基本功，所以拿起喷笔就像拿起油画笔一样容易。

俄罗斯的彩绘艺术家及彩绘机构举不胜数，大都是优秀顶尖的艺术家，很多以团体的工作室性质出现，这里只介绍其中两个。

1. 俄罗斯 4FRIENDS 彩绘工作室作品

第五章　汽车彩绘烤漆实例

2. 俄罗斯 DIFFUSIONART 彩绘制作公司作品

第五章　汽车彩绘烤漆实例

三　美国著名彩绘艺术家：米基·哈里斯（Mickey Harris）

美国著名的彩绘艺术大师级人物米基·哈里斯（Mickey Harris）是写实绘画风格及自由喷绘艺术的开拓者之一。他的绘画特点是可以不借助任何模板与胶带，完全靠自由喷绘的方式来完成作品。

米基·哈里斯从事彩绘行业35年，与他所成就的艺术荣耀一样漫长。米基·哈里斯是五角大楼艺术项目的成员，他的艺术作品被悬挂在五角大楼里面展示。

米基·哈里斯也是一位享誉全球的艺术教育家，他有着令人信服的教学风格和幽默感，他的教学足迹遍布美国和加拿大。

米基·哈里斯有着深厚的爱国精神，他爱美国，这反映在他著名的彩绘作品里面。他的一辆最著名的汽车彩绘作品所反应的内容为美国的历史题材，奥巴马总统还特意去参观了他的这辆彩绘车并给予了最高的评价。

米基·哈里斯的成就不胜枚举，他四次蝉联杜邦公司的最高奖项，他还是美国通用汽车公司特邀彩绘艺术家，他也是国际和美国喷笔协会的创始人以及喷笔杂志的出版商。他曾无数次出现在电视节目上，如Overhaulin'、租车疯狂、车库泰姬陵、拖动赛高和Gearz与斯泰西大卫。他的文章已经被刊登在数以百计的杂志和报纸上。

2012年1月31日美国总统奥巴马亲自参观了米基·哈里斯的彩绘车作品——雪佛兰Camaro。

第五章　汽车彩绘烤漆实例

四、美国著名华裔彩绘艺术家：汤东柏（Dongbai Tang）

汤东柏（Dongbai Tang）先生，笔名东宁，是中国大陆汽车彩绘艺术和夜光隐形绘画领域的先驱者和开拓者，现任美国东宁国际彩绘艺术学校校长，并担任美国市长助理一职，任职伊利诺伊州庞帝爱克市政府。

汤东柏先生早年毕业于中国沈阳市鲁迅美术学院美术教育专业，后研修于北京电影学院美术系。曾工作于CCTV《广而告之》栏目组及辽宁电视台。多次被中国中央电视台CCTV采访报道，并被评选为中央电视台CCTV 2010年度全国奋斗青年奖，并与央视《农广天地》栏目合作录制了《感光隐形壁画的制作》，并出版发行DVD。

2006年创办北京东宁彩绘艺术学校，其学生遍布中国大陆各个省市地区。2011年走出国门来到美国发展，并与美国庞帝爱克市政府合作创立了美国东宁国际彩绘艺术学校。其彩绘艺术作品多次被中国及海外杂志媒体专题报道刊登。《大视野》《汽车娱乐圈》《创意世界》以及德国专业彩绘杂志、菲律宾时尚杂志、美国众多杂志封面刊登其艺术作品。并在美国各地举办多次艺术展览，其彩绘作品被多家艺术博物馆收藏，包括著名摩托品牌哈雷戴尔森博物馆。

艺术风格：擅长写实性人物、动物、风景彩绘，独创夜光彩绘技法，并成功绘制在晚礼服、人体和墙面上，给人一种强烈的视觉冲击力。汽车彩绘、摩托车彩绘、夜光服装彩绘及荧光彩绘、大型壁画均是其强项。

艺术培训：美国东宁国际彩绘艺术学校面向美国、加拿大及世界范围内招生，也包括来自中国大陆的学生。课程包括汽车彩绘、服装彩绘、墙体彩绘和人体彩妆彩绘课程等。只要符合入学条件，由美方学校发出入学邀请函，并协助办理美国签证及来美学习事宜。这里是你走向世界、开阔眼界的一扇窗户！

同时学校开设有国际彩绘师认证网络课程，方便更多热爱彩绘的人士通过网络学习彩绘艺术。

学校官方网站：http://pontiac-artschool.com

第五章　汽车彩绘烤漆实例

117

第五章　汽车彩绘烤漆实例

五　美国纽约著名彩绘艺术家：史蒂夫·努涅斯（Steve Nunez）

出生成长在纽约的史蒂夫·努涅斯（Steve Nunez）是一个非常有天赋的彩绘艺术人才。

他的艺术成就归功为自学成才，他很少用模板及胶带，喜欢自由喷绘，这体现了他非常扎实的艺术功底和写实风格特点。为此他赢得了许多奖项和奖杯以及

119

艺术家称号，他的艺术作品是杂志及媒体争相报道的焦点。获得了社会各界及在网络上的众多好评，他的彩绘制作视频在流行视频网站 YOUTUBE 上有着惊人的点击率。

第五章 汽车彩绘烤漆实例

美国著名彩绘艺术家：
六 迈克·拉瓦莱埃（Mike Lavalee）

迈克·拉瓦莱埃（Mike Lavalee）有着深厚的美术功底，擅长绘制写实肖像、野生动物、动画、漫画人物及场景在汽车与摩托车体上和壁画，甚至在冰箱、家居用品及旅游产品上绘制彩绘。他的作品经常出现在各种艺术展会及改装车展，作品风格非常受欢迎。

真实的火焰彩绘特效是迈克的杀手锏，他擅长绘制及设计各种场景的真实火焰效果，其彩绘作品被刊登在众多的杂志及各种媒体上，他还开办定期的彩绘艺术课程。

第五章　汽车彩绘烤漆实例

七　美国 DB 头盔彩绘定制工作室

　　DB 彩绘定制工作室是业界知名度非常高的专业头盔彩绘定制工作室，其每件彩绘作品都是精品。世界各地的知名头盔企业都纷纷与其合作，包括摩托车厂商及各大赛车团体，业务范围及影响非常广泛。

第五章　汽车彩绘烤漆实例

| 八 | 美国著名彩绘艺术家：
艾伦·帕斯特拉纳（Alan Pastrana） |

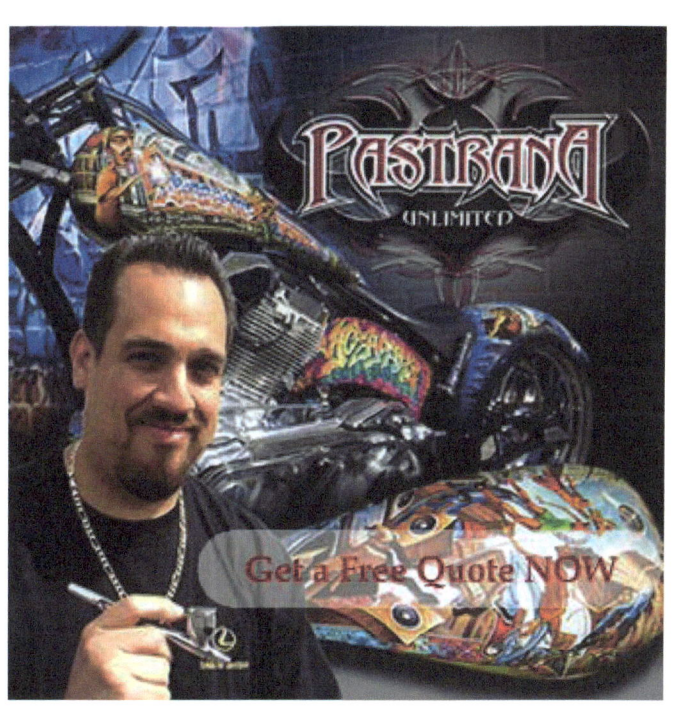

　　艾伦出生在纽约皇后区，从事彩绘艺术超过 15 年。他精通各种绘画媒介，如油、水彩、丙烯酸树脂，铅笔画和写意绘画，但是他最喜爱的绘画方式是喷笔绘画。艾伦擅长细致的人物、建筑及背景的绘制，他会非常熟练的在汽车及摩托车表面完成精美的艺术彩绘作品。他的客户包括 耐克 SB、老海军、艺术建筑协会、珍妮弗·亚当斯室内设计集团、印度摩托车、OCC、石市摩托车、哈雷戴维森和帕特里克·贝克等。

　　艾伦还建立了非常完善的教学课程及 DVD 教材，并拥有一辆可以移动的教学及绘制车间。

第五章　汽车彩绘烤漆实例

九 美国波士顿彩绘师：杰西（Jesse Acciacca）

第五章　汽车彩绘烤漆实例

　　杰西毕业于美国波士顿布泰拉艺术学院，有着完美的艺术造诣与艺术理念。他的主要彩绘作品在冰球比赛的头盔上——冰球头盔彩绘。

　　杰西的彩绘作品一直被美国国家冰球联盟视为守门员口罩。其中之一的彩绘头盔作品是在名人堂冰球馆内展示，那是为奥运选手绘制的头盔。他的客户大多都是知名人士，他的作品还包括汽车与摩托车彩绘，杰西是一个多才多艺的艺术家。

第五章 汽车彩绘烤漆实例

美国纽约 JUST 2 PAINT 彩绘工作室

经营性质：团队运营

地点：美国纽约

JUST 2 PAINT 彩绘工作室的喷枪艺术家拥有 24 年的工作经验。专注于逼真的人像作品。大部分载体是 T 恤等服装，如羽绒服、帽子、裤子、连帽衫和运动鞋。只要您能想象到的可以绘制的表面都可以尝试。

同时也绘制帆布油画，壁画以及头盔，人体彩绘，汽车彩绘和摩托车彩绘等。

官方网站：http：//just2paint.com

第五章　汽车彩绘烤漆实例

第二节　各种类彩绘艺术作品欣赏

　　喷笔彩绘的应用领域是非常广泛的，在欧美及亚洲很多国家被广泛应用，如汽车彩绘、摩托车彩绘、头盔彩绘、游艇彩绘、人体彩绘、面部彩妆、航模彩绘、吉它彩绘、钢琴彩绘、冲浪板彩绘、墙面及地面彩绘等。所以掌握喷笔彩绘技术后的就业领域是非常广泛的，并可以自己创业发展。[所有图片均搜集于网络]

# 第五章　汽车彩绘烤漆实例

 汽车彩绘

第五章 汽车彩绘烤漆实例

汽车彩绘烤漆技术详解 第2版

第五章　汽车彩绘烤漆实例

二　摩托车彩绘

第五章　汽车彩绘烤漆实例

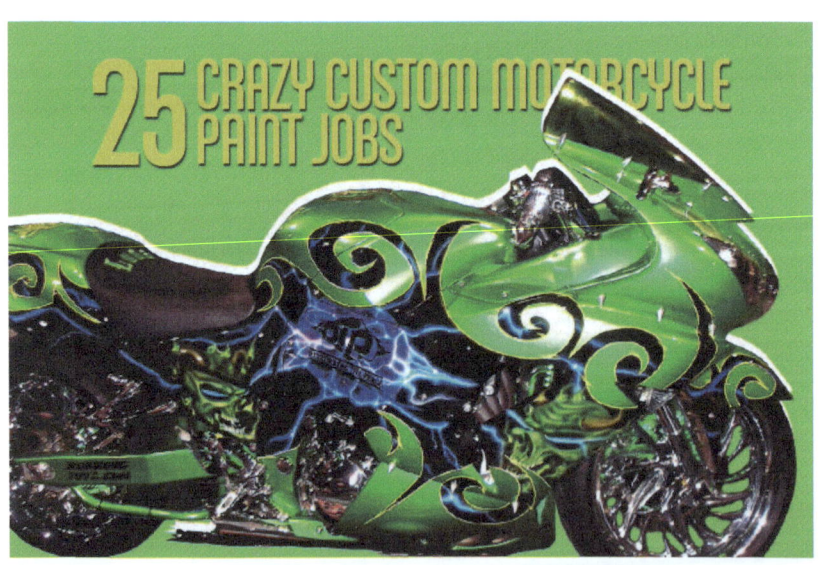

第五章　汽车彩绘烤漆实例

 头盔彩绘

第五章 汽车彩绘烤漆实例

第五章　汽车彩绘烤漆实例

四 冲浪板彩绘

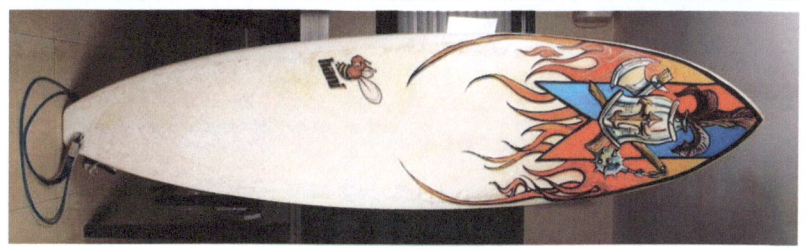

五 吉它乐器彩绘

第五章　汽车彩绘烤漆实例

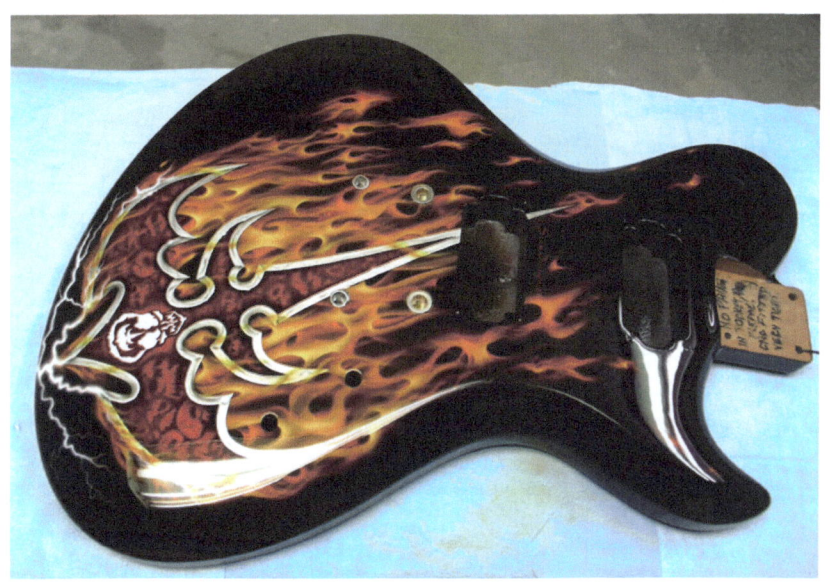

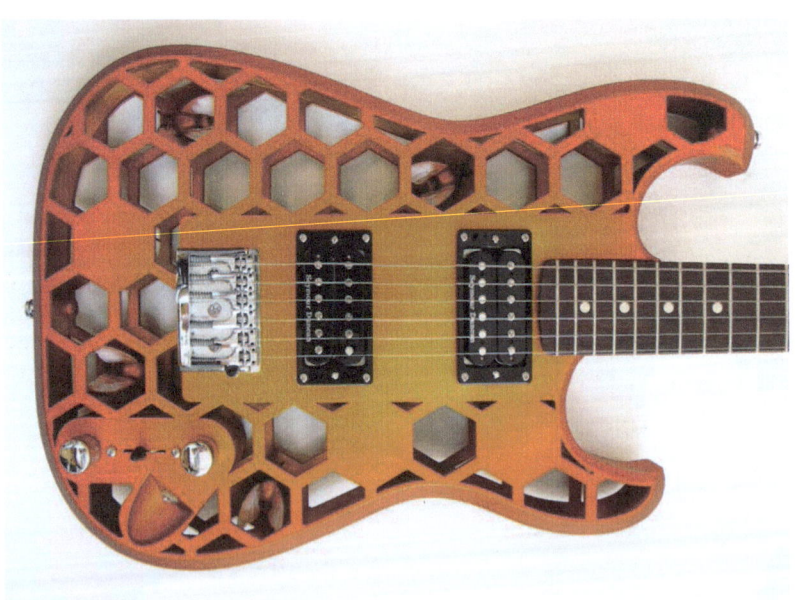

第五章 汽车彩绘烤漆实例

六 T恤衫彩绘

第五章　汽车彩绘烤漆实例

155

七 立体彩绘

第五章　汽车彩绘烤漆实例

第五章　汽车彩绘烤漆实例

八　荧光彩绘

第五章　汽车彩绘烤漆实例

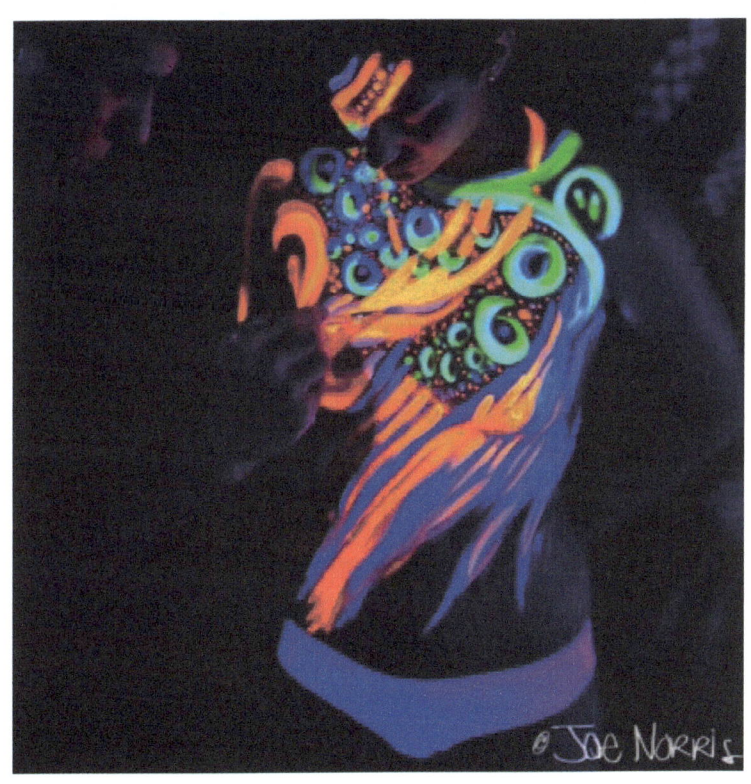

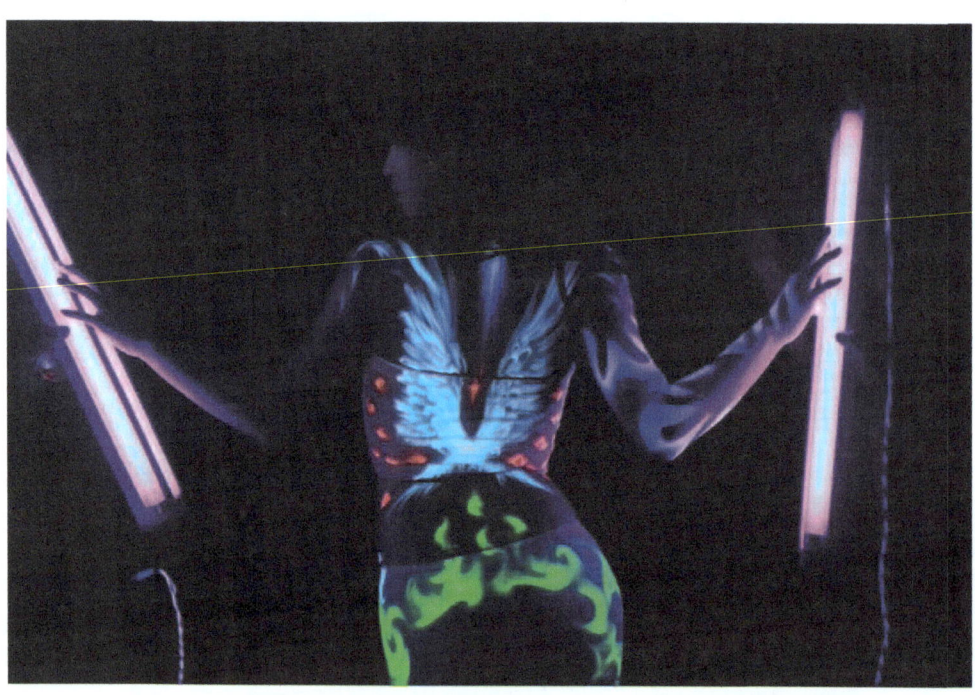

第五章　汽车彩绘烤漆实例

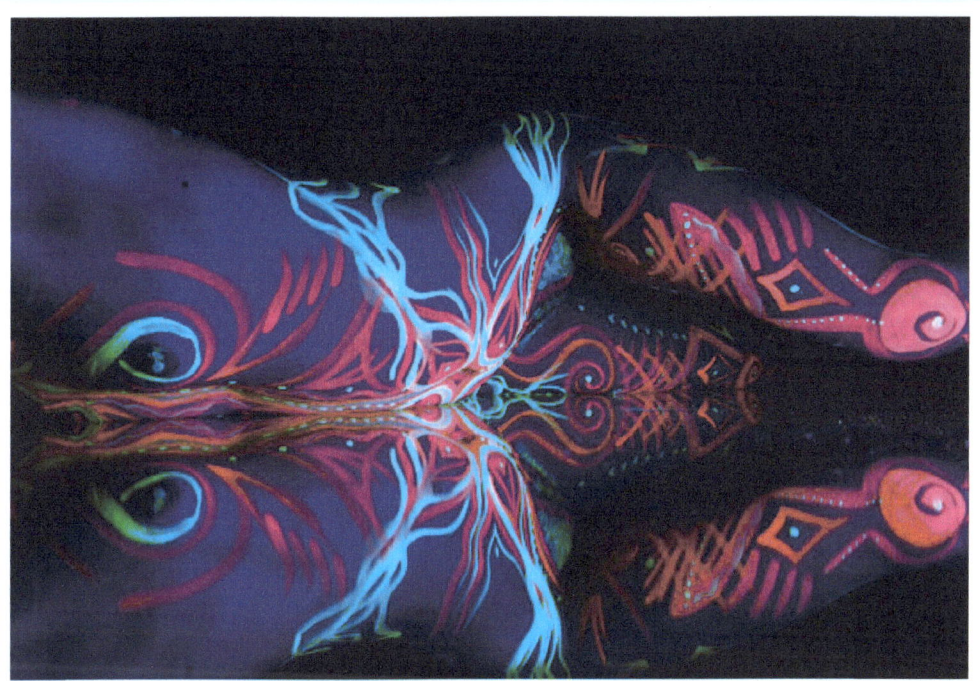

163